Inteligencia Artificial Sobrepasando Límites ¿Vale La Pena?

Simplificando La IA Desde Lo Básico Hasta Las Últimas Tendencias

B.B Jankoski

Contents

Introducción

La tasa exponencial actual de evolución de la inteligencia artificial (IA) no solo es alarmante, sino que exige atención inmediata si no quieres despertar en un mundo que ni siquiera reconoces. Con expertos prediciendo que la capitalización de mercado global de la IA superará los $190 mil millones para 2030, esto indica una tasa de adopción impactante de esta tecnología altamente disruptiva. También se espera que represente más de $15 billones de la economía global en el mismo año (Matleena, 2023). Ver noticias y ser testigo de la IA sin tener un conocimiento básico de los fundamentos de la IA, puede hacer que cualquiera pierda interés debido a la complejidad percibida del tema. Si esto describe cómo te has sentido cada vez que escuchas sobre la IA, entonces estás en el lugar correcto, porque estoy a punto de desglosar el tema para ti.

Primero que nada, desmitifiquemos la inteligencia artificial para que puedas tener una comprensión rápida de la idea y ver hasta dónde llega tu intriga. En términos simples, la inteligencia artificial es el intento intencional de recrear la inteligencia humana en máquinas no vivas o sistemas informáticos creados por el hombre. Significa tratar de transferir la capacidad de los humanos para pensar, aprender y tomar decisiones a objetos inanimados como modelos de lenguaje y robots. Los modelos de lenguaje son sistemas informáticos entrenados en grandes conjuntos de datos para usar los datos de entrada, también conocidos como "prompt" (o "indicación") para producir respuestas similares a las humanas. Estas respuestas pueden variar, desde predecir la próxima palabra o entender un prompt para producir un resultado deseado, como una solución a un problema, traducción de idiomas o un resumen de texto. Los robots, por otro lado, aunque forman parte de los modelos de inteligencia artificial, suelen ser máquinas físicas creadas para una tarea específica, como ayudar en el ensamblaje de equipos en el entorno industrial, limpiar tu hogar, ofrecer servicio a clientes o explorar territorios que son peligrosos o arriesgados para un ser humano.

Antes de profundizar más en el tema, permíteme hacer una declaración audaz y decirte que ya has usado la inteligencia artificial de una forma u otra, consciente de ello o no. Si le has pedido a Siri, Alexa o al Asistente de Google cualquier cosa, desde dar direcciones hasta preguntas personalizadas o incluso cualquier comando, definitivamente has usado IA. También puede que hayas seguido ciertas cuentas de redes sociales o visto películas relacionadas porque seguiste una sugerencia en línea que fue manipulada a través de algoritmos de IA para traerte algo similar a tus intereses anteriores. Esto demuestra que a pesar de que la actual locura por la IA comenzó recientemente con la aplicación de la IA generativa—un tipo de IA entrenada para crear contenido, desde textos hasta imágenes, audio y videos utilizando grandes conjuntos de datos para aprender e identificar patrones, así como entender relaciones de datos—, y la tendencia detrás de ChatGPT de OpenAI, la tecnología tiene una historia preexistente. Aunque en el pasado, la IA parecía un tema complejo reservado solo para conversaciones científicas altamente técnicas entre expertos en tecnología, sus aplicaciones actuales en ámbitos multidimensionales indican que puede usarse en más entornos de los que la mayoría de las personas anticiparon. No solo está revolucionando industrias, sino que también es capaz de ayudar incluso a la persona promedio a mejorar la eficiencia de su trabajo y potenciar el rendimiento de sus servicios.

Como la mayoría de las personas, puede que hayas usado la IA sin saberlo, y solo ahora te preocupa que la tecnología esté remodelando nuestro mundo a un ritmo más exponencial del que podemos seguir o incluso controlar. Claro, la mayoría de las aplicaciones de IA son altamente eficientes y efectivas, ya que la IA ayuda a resolver problemas complejos que generalmente requerirían la comprensión y toma de decisiones humanas durante mucho tiempo. Toma, por ejemplo, su capacidad para analizar enormes cantidades de datos en una fracción de segundo, lo cual es completamente desconcertante. Esta velocidad de procesamiento inigualable, permite a empresas e individuos optimizar el flujo de trabajo, automatizar tareas mundanas, y eventualmente, mejorar el rendimiento mientras ahorran tiempo y dinero. Sin embargo, te puedes estar preguntando; ¿a qué costo? A medida que el mundo adopta la IA y la tecnología continúa superando límites, ¿cuáles son las consecuencias? ¿Vale la pena todo esto?

La principal preocupación con respecto a esta tecnología es la ética detrás de ella, ya que las grandes empresas continúan usando tus datos explícitamente sin tu aprobación o conocimiento. Por ejemplo, ¿has notado que si has buscado un artículo en línea, lo siguiente que recibes son anuncios personalizados en torno a esa búsqueda particular solo para acercar más tu interés? Mira cómo está estructurado tu feed de redes sociales; si has seguido una página sobre bebés lindos o contenido científico, comienzas a ver páginas similares que ni siquiera sigues. Como mencioné anteriormente, todos estos son resultados orquestados por algoritmos de IA.

Inteligencia Artificial Sobrepasando Límites, ¿Vale la Pena?, es una guía completa para ayudarte a navegar en el mundo de la IA. En este libro lleno de poder, aprenderás cada detalle importante que debes saber sobre esta tecnología, desde su estrecha concepción hasta su aplicación multidimensional actual. El libro profundizará además en los beneficios principales de usar la IA en nuestra vida cotidiana, los riesgos potenciales y las precauciones que debemos adherir responsablemente. También incluiré las herramientas de IA más populares y cómo puedes incorporarlas a tus sistemas o aplicación personal. No solo aprenderás a aplicar esta tecnología de manera responsable, sino que también sabrás cómo abordar las preocupaciones éticas y desempeñar un papel mejor en educar a quienes te rodean para que sean igualmente responsables.

Con el arsenal de herramientas compartidas en este libro, podrás elegir tu propio nivel de participación con la IA y tomar decisiones informadas en lugar de simplemente optar por la ignorancia y sufrir las consecuencias, mientras que había algo que podrías haber hecho.

Si anteriormente has estado al margen debido a la creencia de que esta tecnología es complicada o que no quieres tener nada que ver con ella, te invito a sumergirte en esta guía simplificada sobre la IA para que puedas, al menos, obtener un entendimiento básico de lo que implica. Como mencioné, es posible que hayas interactuado con la IA sin saberlo; ¿qué tal si te informas para que la próxima vez que interactúes con la tecnología, sepas el impacto de tus acciones? La respuesta a esta pregunta está dentro de este libro; ¡nos vemos dentro!

Despejando el Panorama de la Inteligencia Artificial

Panorama

Antes de sumergirnos en la principal pregunta de adoptar o rechazar la inteligencia artificial, es crucial que igualemos el campo de juego y te introduzcamos en los conceptos básicos de esta tecnología. Comenzaré desmitificando las terminologías fundamentales en términos sencillos mientras asocio su aplicación en la vida cotidiana. Con una comprensión básica de los fundamentos de la IA, te será fácil conectar los puntos a medida que te encuentres con la aplicación de la tecnología. Espero que arrojar algo de luz sobre el tema te dé lo suficiente para decidir tu nivel de interacción con la tecnología. Este capítulo es tu estrella polar con respecto a la historia de la IA, desde su inicio hasta su futuro.

Entendiendo la Inteligencia Artificial

Una definición más técnica de la inteligencia artificial (IA), sería que es una simulación de la inteligencia humana por sistemas informáticos y máquinas (Burns, 2022). Una versión más simple de la IA, significa dar a computadoras y máquinas la capacidad de pensar y aprender de una manera similar a cómo lo hacen los humanos. Implica crear programas y sistemas que puedan entender información, tomar decisiones y resolver problemas, todo sin estar programados explícitamente para cada tarea específica. Piensa en la IA como un asistente inteligente: al igual que podrías pedirle a un amigo una recomendación o consejo, puedes hacerle diferentes preguntas a los sistemas de IA, o darles tareas para hacer, y utilizarán su conocimiento y capacidad de aprendizaje para ayudarte a encontrar respuestas o completar tareas dadas. Pueden realizar diversas actividades como entender tus comandos de voz, reconocer objetos en imágenes, jugar ajedrez, sugerir películas que podrían gustarte, o incluso ayudar a los médicos a diagnosticar enfermedades.

El objetivo de la IA es hacer que los sistemas informáticos, las máquinas o los modelos de IA, realicen actividades que los humanos realizan, solo que mejor, para mejorar la eficiencia en áreas como el reconocimiento de voz, el procesamiento de imágenes, el aprendizaje de idiomas, la toma de decisiones y la resolución de problemas. Esta habilidad es alcanzable debido a la capacidad de los modelos de IA para aprender, incluso si eso significa estar programados para conocer cierta información y poder usarla más tarde. Otra forma simple de entender la IA es pensar en ella en etapas de crecimiento humano. Desde cómo un bebé aprende a identificar objetos, hasta cuando recuerda su nombre, e incluso aprende características distintivas, hasta que se vuelve tan inteligente, que incluso puede empezar a enseñarte sobre objetos relacionados, la IA permite que las máquinas desarrollen conocimientos y se vuelvan más inteligentes a medida que interactúan con más información. Dentro del concepto de IA se encuentran sus subconjuntos, conocidos como aprendizaje automático, aprendizaje profundo y redes neuronales, todos los cuales desgloso a continuación.

Aprendizaje Automático o Machine Learning (ML)

Como sugiere el nombre, el aprendizaje automático es la capacidad de una máquina o sistema informático para aprender continuamente de los datos proporcionados, y poder refinar sus sugerencias en lugar de simplemente adivinar, basado en la programación básica que ha memorizado. Simplemente significa la capacidad de la máquina para usar nuevos datos y volverse más inteligente, en lugar de permanecer con el mismo nivel de conocimiento al apegarse sólo a lo que se le enseñó durante su entrenamiento. Esto se logra codificando la máquina para aprender, entender, mejorar y luego usar nuevos datos para identificar objetos que se le han enseñado y más allá. Por ejemplo, si le has enseñado a la máquina que un pájaro es un organismo de dos patas con cabeza y un pico largo, mostrándole numerosas imágenes con pájaros, entonces puede entender esta información y usarla para reconocer y distinguir un pájaro de otros animales, como gatos y perros. A medida que la máquina se expone a más datos, también aprende que hay diferentes tipos de pájaros con diferentes tamaños de picos. Cuanto más interactúa con nuevos datos, se vuelve más inteligente hasta el punto en que puede distinguir diferentes pájaros más allá de la estructura básica de un pájaro que simplemente tiene cabeza, pico, dos patas y alas.

El aprendizaje automático es un componente integral de la IA que permite la optimización dentro de las organizaciones. Implica el uso de métodos estadísticos técnicos para permitir que los sistemas analicen e interpreten grandes cantidades de datos, identifiquen patrones y tomen decisiones informadas en consecuencia.

Aprendizaje Profundo o Deep Learning (DL)

Llamado "profundo" porque es multicapa al igual que la profundidad de nuestros cerebros, el aprendizaje profundo es una rama del aprendizaje automático que utiliza redes neuronales para procesar y analizar datos complejos, basados en una comprensión simple. Los algoritmos de aprendizaje profundo están diseñados para aprender automáticamente y extraer patrones significativos de grandes cantidades de datos. Mientras están entrenados para realizar tareas cognitivas como reconocer imágenes, identificar patrones, distinguir voces y procesar lenguaje natural, los algoritmos de IA de aprendizaje profundo, pueden llevar a nuevos datos sin revelar completamente cómo llegaron a tal información. Similar a cómo puedes llegar a una idea sin saber qué la desencadenó, alguna información del aprendizaje profundo puede ser fascinante pero poco fiable debido a su falta de base. ¿Podemos, como humanos, confiar completamente en todos los datos y predicciones proporcionados a través del aprendizaje profundo? Esa es una de las principales preocupaciones que navegaremos más adelante. En su esencia, la IA de aprendizaje profundo juega un papel vital en aplicaciones como, ayudar a los coches autónomos a navegar suavemente por la carretera detectando luces rojas, otros coches y peatones que cruzan. También permite que asistentes virtuales como Siri y Alexa, entiendan comandos humanos a través del reconocimiento de voz. Otra aplicación integral del aprendizaje profundo está en el sector de la salud, donde los algoritmos ayudan a los médicos a detectar enfermedades en exploraciones médicas como rayos X y resonancias magnéticas.

Redes Neuronales

Inspiradas en la estructura y función de nuestros cerebros humanos, las redes neuronales son un tipo de modelo de IA que consiste en nodos interconectados, también conocidos como "neuronas", o pequeñas células responsables de procesar y transmitir información. La aplicación más común de las redes neuronales se puede ver en el procesamiento de lenguaje natural, reconocimiento de imágenes, voz y patrones. Como una rama del aprendizaje profundo, las redes neuronales están diseñadas para aprender y hacer predicciones basadas en datos de entrada, resolver problemas complejos y mejorar su rendimiento con el tiempo, ajustando sus configuraciones internas llamadas "pesos" y "sesgos". Cuando estos modelos de IA hacen una predicción incorrecta o te dan una salida incorrecta, los corriges y toman esa información para mejorar su precisión en el futuro.

Tipos de Inteligencia Artificial

Dependiendo de diferentes capacidades, ahora aprenderás los varios tipos de IA y cómo se espera que continúe evolucionando. Desde la IA débil, que depende en gran medida de los humanos, hasta los sistemas de IA fuerte, que no solo son conscientes de sí mismos sino que poseen una inteligencia que supera la comprensión humana, el espacio tecnológico ha recorrido un largo camino. Estos tipos de IA indican un viaje tecnológico transformador desde el pasado hasta el futuro.

Máquinas Reactivas

Este es el comienzo de la IA, donde las máquinas están programadas y entrenadas para realizar tareas específicas. Las máquinas reactivas no tienen memoria y, por lo tanto, no pueden usar experiencias pasadas para mejorar su rendimiento. Abordan un desafío dado de nuevo cada vez. A diferencia de los tipos de IA subsiguientes que pueden aprender de los datos para mejorar su eficiencia sin necesidad de reprogramación, el código de las máquinas reactivas necesitaría ser ajustado para que realicen nuevas tareas o se comporten de manera diferente a como fueron entrenadas. Por ejemplo, necesitas programar tu lavadora para cada nueva carga de ropa porque no tiene memoria de su tarea anterior. Aunque las máquinas reactivas vienen con limitaciones, crearon una base para que otros tipos se mejoren.

Inteligencia Artificial de Memoria Limitada

Como se insinúa en el nombre, la IA de memoria limitada es capaz de almacenar cantidades limitadas de datos dentro de un período corto. A diferencia de las máquinas reactivas, la IA de memoria limitada puede usar experiencias pasadas y nuevos datos para hacer predicciones y tomar decisiones usando su memoria incorporada. Por ejemplo, un coche autónomo sabe que tiene que detenerse en un semáforo en rojo y puede detectar otros coches y peatones para tomar decisiones a medida que cambia el tráfico. Puede usar estos datos para analizar el tráfico que se aproxima y así determinar si cambiar de carril o ajustar su velocidad. Aunque esto es una mejora con respecto a las máquinas reactivas, la IA de memoria limitada también está mucho más restringida en comparación con sus sucesores, ya que no puede mejorar de forma independiente sin intervención humana.

Teoría de la Mente

La IA de teoría de la mente, es la etapa avanzada de la tecnología donde las máquinas son capaces de leer y analizar emociones humanas y responder en consecuencia. En lugar de simplemente llevar a cabo instrucciones, las máquinas de teoría de la mente pueden sentir tu tono, estado de ánimo o incluso intenciones y ayudarte a navegar a través de las tareas dadas con reacción emocional también. Por ejemplo, imagina si Siri o Alexa pudieran leer tus emociones cuando estás frustrado mientras das un comando, entonces, en lugar de que estos asistentes virtuales den una respuesta genérica y no personal, dan una salida que considera tus frustraciones. Aunque este tipo de IA todavía está en su fase de concepción, o cerca de la infancia, es muy esperado, ya que entonces podemos tener máquinas que nos entiendan y colaboren con nosotros de manera armoniosa. Tener IA de teoría de la mente, también puede ser útil para la comunidad neurodivergente, ya que se puede programar para leer expresiones faciales y estados mentales para aliviar cualquier desafío de comunicación social.

Inteligencia Artificial Autónoma

También conocida como IA llegando a un punto de singularidad, la IA autónoma significa exactamente lo que el nombre implica: no sólo las máquinas en esta categoría son capaces de sentir los sentimientos y emociones de otros, sino que también son conscientes de sí mismas. Nadie conoce todos los detalles con respecto a esta etapa final de desarrollo de la IA en cuanto a cuándo será, o incluso si realmente llegará a este punto. El único consuelo es que actualmente solo es un concepto futurista, sin pruebas de que la IA alcanzará este nivel. Sin embargo, estarás de acuerdo conmigo en que suena bastante aterrador tener máquinas que puedan reaccionar emocionalmente más allá de su programación. Significa que las máquinas probablemente se desvíen de las instrucciones dadas y decidan, en el acto, desobedecer a los humanos según su diseño original. ¿Quién sabe qué harán si se sienten agraviadas? ¿Se vengarán? Por ahora, permíteme dejar tu mente maravillarse con las infinitas posibilidades.

Inteligencia Artificial Estrecha

Como sugiere el nombre, las máquinas de inteligencia artificial estrecha (IAE) están diseñadas para realizar un número selecto de tareas limitado a una capacidad estrecha. No pueden realizar amplios rangos de tareas más allá de las que están específicamente diseñadas para hacer. Las máquinas IAE también se conocen como, IA débil, porque no pueden aprender, pensar o mejorar de forma independiente más allá de su diseño original. Al igual que otras versiones anteriores de IA, como máquinas reactivas o IA de memoria limitada, las máquinas IAE están entrenadas para sobresalir solo en una habilidad cognitiva particular. Si has usado biometría de reconocimiento facial para desbloquear tu teléfono inteligente o comandos de voz para dar instrucciones a un asistente virtual como Siri o Alexa, has usado este tipo de IA. Los coches autónomos también entran en esta categoría. Aunque se puede determinar durante cuánto tiempo han estado en uso estas aplicaciones, la tecnología subyacente existe desde antes de la actual tendencia. Sin embargo, la mayoría de las personas nunca se tomaron la molestia de cuestionarlo.

Inteligencia Artificial General

También conocida como IA de "nivel humano", la inteligencia artificial general (IAG) es el siguiente nivel de capacidad de la IA, donde las máquinas no solo pueden ser programadas para realizar tareas específicas, sino que pueden realizar una amplia gama de funciones, aprender, pensar y actuar al nivel de inteligencia de los humanos. Se considera como IA fuerte, ya que puede comprender y adaptarse a cualquier tarea que un humano sea capaz de realizar.

Inteligencia Artificial Superinteligente

Aunque actualmente está inclinada y limitada a la mera teoría, la inteligencia artificial superinteligente (IAS) está diseñada para ser una integración adicional de la IA autoconsciente; IA que no solo entiende y piensa de forma independiente como los humanos, sino que supera la inteligencia humana. Si observas la forma en que se ficcionaliza en películas de ciencia ficción y acción como Yo, Robot y Ex Machina, por mencionar algunas, la IA superinteligente es más propensa a escenificar una toma de control. Además del aspecto de ciencia ficción, nadie sabe si esto será alguna vez alcanzable. Sin embargo, la tasa exponencial a la que la tecnología está evolucionando llama a la preocupación, especialmente para las generaciones futuras. ¿En qué mundo entrarán? Algunos expertos incluso predicen que la IAS está más cerca de lo que anticipamos. Considerando los desarrollos actuales hacia el éxito de la IAG, sus teorías no carecen de base.

La Evolución de la Inteligencia Artificial

Desde hace casi un siglo, la inteligencia artificial ha estado haciendo titulares por sus capacidades percibidas para simplificar y mejorar nuestras vidas. Aunque vino con sus propias complejidades, la tecnología en constante cambio ha fascinado a científicos y futuristas para pensar más allá de lo convencional. Hasta ahora, los pensadores inteligentes están en el negocio de inventar y mejorar máquinas que, algún día, se comportarán como humanos y realizarán tareas que sabemos que están limitadas solo a nosotros. Esta sección pinta una imagen vívida de cuán lejos hemos llegado con esta tecnología hasta la fecha.

La década de 1950

A pesar de solo haber hecho grandes avances desde la concepción y popularidad de la IA generativa, el concepto de inteligencia humana simulada se remonta a la década de 1950. Si miramos más allá del significado estrecho de la IA y nos centramos en sus componentes como el procesamiento del lenguaje, y la realización de predicciones, podemos decir que la habilidad para argumentar una teoría puede remontarse a los antiguos matemáticos que usaban lenguaje matemático complejo y fórmulas para probar sus puntos. La invención de computadoras como asistentes humanos que realizan tareas complejas, también cuenta como los cimientos que llevaron a la épica evolución de la inteligencia artificial a medida que las máquinas se volvieron más inteligentes y eficientes.

Aunque el primer trabajo que representa lo que conocemos hoy como IA fue introducido en una publicación por Alan Turing durante la Prueba de Turing, una evaluación realizada para verificar si una computadora puede tener una conversación convincente, similar a la humana, de tal manera que no pudieras decir si era una computadora o un ser humano, en 1950 (Karijan, 2023), el término "inteligencia artificial" fue acuñado solo en 1956 por un renombrado científico informático estadounidense, John McCarthy, durante una conferencia en el Dartmouth College. Asistida y apoyada por otros pioneros como Marvin Minsky, Nathaniel Rochester y Claude Shannon, que ya habían comenzado el trabajo fundamental hacia el avance de la tecnología, la conferencia marcó el nacimiento de la IA como campo de estudio (Dartmouth, 2006).

La década de 1960

La era de los años 60 vio el crecimiento en los primeros programas de IA que podían hacer cosas simples como participar en actividades lúdicas y resolver problemas matemáticos. Con desarrollos en redes neuronales, aprendizaje automático y lenguajes de programación creados por leyendas que lideraban la innovación, la IA ganó una popularidad increíble entre los desarrolladores. La fascinación temprana llevó a sistemas de IA exitosos diseñados para vencer a humanos en juegos mentales desafiantes como el ajedrez y las damas. Otras aplicaciones tempranas de la IA incluyeron la traducción de idiomas.

En 1966, se alcanzó otro hito revolucionario cuando Joseph Weizenbaum creó Eliza, el primer programa informático más celebrado que allanó el camino para los chatbots actuales. Con la capacidad de mantener una conversación atractiva y similar a la humana, Eliza aumentó la fascinación de los desarrolladores con la tecnología, y creyeron en la posibilidad de que la IA emulara emociones humanas. En el mismo año, el primer robot inteligente del mundo, Shakey, fue desarrollado por el Stanford Research Institute. Como la concepción principal detrás de los vehículos autónomos y los drones, Shakey trajo una fusión de la IA con visión por computadora, navegación y procesamiento del lenguaje natural (Karijan, 2023).

1970-1990

Después de que Marvin Minsky y Seymour Papert publicaron Perceptrones, un libro que destacó las limitaciones de las redes neuronales en 1969, hubo una disminución en la investigación del campo. Esto fue exacerbado por el informe publicado por James Lighthill en 1973. El informe de Lighthill, que reveló la encuesta general sobre la IA, llevó a una retirada significativa del gobierno británico hacia el apoyo a la investigación de la IA. Todos estos sentimientos negativos fueron el comienzo de la siesta tecnológica más larga, también conocida como el "invierno de la IA". A principios de la década de 1980, todo el entusiasmo e interés en la IA había muerto, ya que las compañías que estaban a la vanguardia del desarrollo de máquinas, también estaban experimentando una disminución. El término "invierno de la IA" se atribuye a Marvin Minsky y Roger Schank, quienes advirtieron a las empresas en 1984 que el entusiasmo por la IA estaba muriendo y que la industria se acercaba rápidamente a su colapso. De hecho, tres años después, las paredes de la estructura de la IA comenzaron a desmoronarse.

Aunque el invierno de la IA llegó con mucha desconfianza en el sistema cuando los inversores comenzaron a perder dinero y los informes indicaban las limitaciones de las redes neuronales, las cosas cambiaron en 1989 cuando Yann LeCun, Yoshua Bengio y Patrick Haffner demostraron un lado positivo de las redes neuronales. En particular, el trío reveló la posibilidad de usar redes neuronales convolucionales (CNN) para reconocer caracteres escritos a mano y resolver problemas del mundo real. El comienzo de la década de 1990 llegó con innovación en torno al aprendizaje automático y el avance en robótica. Otro evento positivo que trabajó a favor de la tecnología, fue el surgimiento de la World Wide Web, que proporcionó un gran suministro de datos a los sistemas de IA. Esta era terminó en una nota alta cuando "Deep Blue" de IBM derrotó al renombrado campeón mundial de ajedrez, Garry Kasparov en una revancha de ajedrez en 1997. Causó más investigación y exploración en torno a las capacidades de la IA.

2000-2010

El comienzo del siglo XXI reflejó que no solo el invierno de la IA era cosa del pasado, sino que los avances llegaron a toda velocidad a medida que las computadoras se volvieron súper rápidas y los datos estaban en todas partes. Cada vez más compañías robóticas e individuos, estaban probando la movilidad artificial y la inteligencia de sus nuevas creaciones. Esta era también vio robots diseñados para navegar por el espacio y otros planetas, y robots que podían interactuar con humanos y leer emociones. Un momento icónico de la IA en este campo se puede referir a febrero de 2016, cuando una empresa con sede en Hong Kong, Hanson Robotics, lanzó el primer robot humanoide, llamado "Sophia". Aunque hay varios intentos de crear humanoides, Sophia es el primer robot social creado con la forma de una mujer. También se le ha dado una identidad, una ciudadanía honoraria en Arabia Saudita y otros privilegios, como ser elegida embajadora de innovación para el Programa de Desarrollo de las Naciones Unidas (Noticias de la ONU, 2023). Como robot social, Sophia tiene la capacidad de participar en conversaciones similares a las humanas, recordar interacciones con personas, mostrar diversas expresiones faciales y gestos, hacer bromas e incluso poseer características artísticas como cantar y dibujar.

Además, esta era también llegó con enormes avances en las redes sociales y la presencia en línea. Con la mayoría del público ahora alimentando plataformas de redes sociales con datos gratuitos, las cosas se volvieron significativamente más fáciles para que la IA avanzara en hacer predicciones sobre nuestras preferencias. Estoy seguro de que te has preguntado cómo tu historial de búsqueda aparece incluso cuando estás en una plataforma diferente. Por ejemplo, si indicaste tu interés en comprar una propiedad en cierta área, notarás que comienzas a ver anuncios o información de grupos relacionados en Facebook, YouTube o cualquier otra plataforma. Recientemente estaba buscando cotizaciones de ayuda médica, y he aquí que no puedo desplazarme por mi feed durante un minuto sin que aparezcan cotizaciones de diferentes proveedores. Eso es lo que están haciendo los algoritmos de IA; acercando mi búsqueda y posiblemente influyendo en mi decisión. Con las plataformas de redes sociales vendiendo nuestros datos a terceros, el problema de la privacidad de datos se convirtió en una preocupación importante que estamos enfrentando actualmente.

2020–Hoy

La ola actual de IA se puede atribuir a la creación de OpenAI, ChatGPT, un chatbot transformador pre-entrenado generativo que ha recibido una enorme pila de datos y entrenado para procesar texto generado por humanos (prompt) y responder con una salida similar a la humana. ChatGPT se hizo libremente accesible para todos desde noviembre de 2022, y más de un millón de usuarios se registraron en cinco días, lo que lo convierte en una de las tecnologías más adoptadas de todos los tiempos (Buchholz, 2023). A principios de 2023, ChatGPT tenía más de 100 millones de usuarios acumulativos, y con más actualizaciones y avances en las capacidades de la IA generativa, incluso aquellos que han estado durmiendo todos estos años mientras avanzaba la tecnología, comenzaron a prestar atención. Alrededor del 35% de las empresas están utilizando IA, mientras que el 42% mencionó que están explorando la posibilidad de integrar la tecnología en sus sistemas (Zauderer, 2023).

Otra plataforma de redes sociales impulsada por IA, Threads, desarrollada por Meta en 2023, rompió el récord de ChatGPT cuando alcanzó el hito de un millón de inscripciones en menos de una hora. Threads también es una de las primeras plataformas de redes sociales que pone a prueba nuevas funciones impulsadas por IA, como traducciones y resúmenes de conversaciones largas. Como verás con varias aplicaciones de IA detalladas en el próximo capítulo, esta tecnología se está convirtiendo en algo común. La capacidad de ahorrar tiempo, mejorar el rendimiento, asistir en procedimientos médicos y las recientes discusiones sobre regulaciones y defensa ética, el panorama de la IA está floreciendo a un ritmo alarmante. Si las masas entienden completamente su papel en la integración de la IA es otra historia. Esta es mi razón más pertinente para traerlo a tu atención, para que entiendas y elijas tu nivel de participación con la tecnología, conociendo sus implicaciones.

El Potencial Transformador de la IA

Desde su inicio hasta ahora, la inteligencia artificial (IA) ha cambiado drásticamente nuestra manera de enfrentar y resolver desafíos. Ha transformado nuestra perspectiva sobre cosas que considerábamos imposibles para los seres humanos. Es difícil ignorar una tecnología dedicada a mejorar la forma cómo trabajamos y nos divertimos. Sin embargo, por mucho que haya demostrado ser una fuerza formidable, la IA aún requiere operadores responsables. Este capítulo arroja más luz sobre las aplicaciones revolucionarias de la tecnología. También nos centraremos en su influencia en nuestra vida cotidiana. Como sabemos que cada cosa buena tiene el potencial de tener un punto débil, cerraremos este capítulo explorando algunos de los beneficios y desventajas comunes de la IA.

Principales Aplicaciones de la Inteligencia Artificial

Desde salvar vidas mediante el análisis y predicción experta de registros médicos, hasta emprender misiones interplanetarias arriesgadas, las aplicaciones de la IA han cambiado nuestra forma de hacer las cosas y continuarán sorprendiéndonos. Desde asistentes personales que anticipan nuestras necesidades, hasta algoritmos que curan nuestro contenido personalizado, la tecnología sigue revolucionando nuestra manera de trabajar, comunicarnos, crear e interactuar con nuestro mundo.

Innovaciones en el Sector Sanitario

Con una capacidad especial comprobada para realizar análisis y procesamientos detallados de datos de registros médicos complejos como rayos X, resonancias magnéticas y otras pruebas, hay controversias sobre si la IA está superando a los médicos humanos. Tras varios diagnósticos de enfermedades precisos, pruebas de detección temprana de cáncer y tratamientos sugeridos a pacientes que los médicos humanos no detectaron, algunos profesionales médicos expresan su temor de que la IA posiblemente los deje sin trabajo (Satariano & Metz, 2023). Es discutible que la capacidad de la IA para salvar vidas sea uno de los avances tecnológicos más revolucionarios del mundo. Bueno, quizás todavía estamos un poco lejos de que la IA reemplace completamente la inteligencia humana, ya que sus increíbles hallazgos aún necesitan un ojo calificado para demostrar autenticidad y precisión, particularmente en lo que respecta a datos sensibles como informes médicos.

Desde la Universidad de California en San Francisco, la Dra. Maria Wei argumentó que los sistemas de IA todavía necesitan un entrenamiento intensivo, utilizando varios grupos raciales, para que los modelos de IA tengan enormes conjuntos de datos en diferentes condiciones, y así poder detectar con precisión el melanoma. Mencionó que esto ayudará a evitar biopsias innecesarias, mientras aún entrena a las máquinas para mejorar en el análisis de cada mínimo detalle (Alianza de Investigación del Melanoma, 2022). Esta aplicación de la IA para salvar vidas, es una de aquellas que hace difícil ignorar o despreciar completamente la tecnología. Aunque el papel de la IA en las innovaciones sanitarias todavía está en su infancia, es una razón convincente para explorar aún más aplicaciones potenciales de esta tecnología para el bien de la humanidad.

Avances en el Sector Financiero

Similar a los datos médicos, en términos de sensibilidad, las finanzas son un ámbito que requiere manejo con la máxima confianza, cuidado y confidencialidad. La industria financiera corre el mayor riesgo de actividades fraudulentas y mal uso de los detalles confidenciales de las personas. La IA juega un papel crucial en ayudar a este sector con la detección de fraudes, verificación de identidad y evaluación de riesgos. Por ejemplo, las compañías de seguros pueden compensar a los clientes de manera precisa, sin pagar de más o de menos por los riesgos reportados y los costos de los daños. Además, usar la IA para verificar las calificaciones crediticias y la posición financiera de los prestatarios, asegura que los prestamistas ofrezcan préstamos con menos riesgos de incumplimiento, debido a la incapacidad de los prestatarios para pagar la deuda.

Los bancos también pueden usar la IA para detectar cualquier comportamiento sospechoso y combatir eficazmente el fraude. Desde monitorear los hábitos de gasto de los estafadores sospechosos, hasta identificar cualquier pista que los vincule con posibles delitos financieros, los sistemas de IA reducen la carga de trabajo investigativo para que las casas financieras puedan concentrarse en la entrega de servicios de calidad, y garantizar la seguridad de los fondos de sus clientes. Mejorar la atención automatizada al cliente mediante chatbots, también ha facilitado mucho la banca. Con comunicación personalizada y chats específicos para cada cliente, hay pocas o ninguna necesidad de que usted corra al banco y haga cola para recibir servicio. Esto le permite realizar operaciones bancarias cómodamente desde cualquier lugar. También permite a los bancos concentrarse en mejorar otros servicios, sabiendo que la mayor parte del trabajo administrativo y tareas rutinarias, como la verificación de identidad, o el cumplimiento de Conozca a Su Cliente (KYC) han sido confiadas a bots.

Además, los bots de trading de IA, han ganado popularidad debido a su análisis eficiente de los mercados financieros y predicciones mayormente precisas. El trading de alta frecuencia depende de la capacidad de los bots de trading de IA, para analizar noticias económicas (análisis fundamental) así como gráficos de trading (análisis técnico) en un corto período de tiempo, y ser capaces de predecir la dirección del mercado. El análisis del mercado y las decisiones de trading, suelen llevar más tiempo a los humanos debido a nuestra incapacidad para acceder a información relevante y verificar los parámetros de trading antes de ejecutar operaciones. Los seres humanos también son traders emocionales en la mayoría de los casos, mientras que los bots de trading usan algoritmos y análisis cuantitativos para tomar decisiones basadas en hechos, en lugar de aquellas influenciadas por sentimientos. Aunque los bots de trading han contribuido a elecciones de inversión rentables para inversores con conocimientos tecnológicos, vale la pena señalar que la aplicación de la IA en el sector financiero todavía conlleva una cantidad inherente de riesgo: todavía requiere un monitoreo responsable en lugar de confiar completamente en los bots para ofrecer los mejores servicios o asesoramiento financiero.

Educación Personal Mejorada

En comparación con las técnicas de enseñanza obsoletas donde los alumnos reciben ejercicios genéricos, la educación potenciada por la IA puede ser personalizada para ayudar a los estudiantes individuales desde sus capacidades específicas de aprendizaje. No hay dos estudiantes iguales, y esperar que comprendan la misma información a una velocidad y nivel de comprensión similares, como es común en la educación tradicional, está preparando a los estudiantes más lentos y a aquellos con necesidades especiales para el fracaso. Afortunadamente, la IA es capaz de identificar el nivel de comprensión del alumno individual, notar sus luchas y personalizar un enfoque diferente para encontrarlos en su punto de necesidad.

Usar técnicas de educación potenciadas por la IA, también permite a los educadores disfrutar de su trabajo, sabiendo que están llegando a cada alumno de acuerdo con su nivel de comprensión. Esto trae menos frustración y preocupación para ellos, y les permite desarrollar lecciones efectivas y divertidas y concentrarse en la construcción de carácter en lugar de tener un trabajo que realmente se siente como una tarea. Además, en lugar de que los maestros realicen tareas mundanas como calificar a los estudiantes, la IA puede automatizar dichas actividades y proporcionar retroalimentación que los educadores pueden usar más tarde para ayudar a los estudiantes individuales. Los educadores también tienen más tiempo para conectarse con los estudiantes e influir positivamente en ellos para que persigan sus sueños y superen sus miedos.

Las principales preocupaciones con la educación potenciada por la IA, son la asequibilidad y la violación de la privacidad. Empezando por los costos, no todas las escuelas o estudiantes pueden permitirse integrar estructuras de IA en sus procesos de aprendizaje existentes. Esto significa que, a gran escala, los estudiantes con acceso a aprendizaje potenciado por IA, tendrán una ventaja mayor que aquellos de entornos desfavorecidos. Esta injusticia se hace más visible cuando estos estudiantes entran al mundo corporativo y hay disparidades evidentes que resultan en que las oportunidades se otorgan a individuos con ventajas. La cuestión de la privacidad también debe abordarse debido a la posibilidad de que las escuelas hagan un mal uso de la información personal de los estudiantes para rastrear sus actividades fuera de clase y su conducta. Aunque esta información puede ayudar a dar a los educadores una realidad de la situación hogareña de los aprendices, también puede avergonzar a los estudiantes si los educadores los señalan basándose en sus antecedentes.

Entretenimiento y Medios de Comunicación

Hay un aumento significativo en la aplicación de la IA generativa en la industria del entretenimiento. Una característica asombrosa se puede ver con actores que tienen un gemelo digital entrenando modelos de IA, con datos del trabajo previo que los actores realizaron. Los modelos de IA son entonces capaces de imitar la voz del actor, su manera de caminar, gestos y reacciones emocionales, recreando ciertas escenas o creando nuevas por completo. Los gemelos digitales pueden ser útiles además para actores envejecidos que quieran continuar su trabajo en pantalla, pero físicamente no puedan. Por ejemplo, actores legendarios como Bruce Willis, Gene Hackman, Michael J. Fox y Christina Applegate, son algunos de aquellos que recientemente tuvieron que retirarse de las carreras que aman debido a dolencias físicas y mentales. Imagina que la IA tiene la capacidad de dar a los actores un tiempo de pantalla extendido e inmortalidad. Sin embargo, las principales preocupaciones son problemas de propiedad y derechos de autor. ¿Quién posee realmente el gemelo digital? ¿Quién protege sus derechos? Y ¿cuál sería el papel del actor en adelante? Estas son algunas de las preguntas a considerar para evitar que algunos actores posiblemente sean forzados a salir del juego si sus gemelos digitales muestran más potencial.

Además, la IA generativa también se utiliza ampliamente en la industria de la música con la clonación de voz de artistas y la capacidad de incluir superestrellas en nuevas canciones. Al igual que con los problemas de derechos de autor en la industria del cine, la aplicación de esta tecnología solo se ha ejercido sin el permiso previo de los famosos cantantes al grabar música generada por IA. Lo mismo aplica con el arte regenerado o plagiado. La aplicación de la IA en entretenimiento y medios, requiere una vigilancia seria para asegurarse de que el arduo trabajo de los artistas no esté siendo pirateado o utilizado sin compensación. Hay varias maneras en las que los artistas pueden usar la tecnología para su propio beneficio para agilizar sus flujos de trabajo y centrarse en añadir un toque personal, mientras dejan a la IA hacer las tareas mundanas.

Otro área de entretenimiento donde la aplicación de la IA ha cobrado vida es en los juegos. Con comunicación y colaboración mejoradas con personajes dentro del juego, los jugadores pueden explorar mundos virtuales usando realidad aumentada y realidad virtual. Esto hace que jugar videojuegos se sienta real, dando a los jugadores una experiencia auténtica y emocionante. Como consumidor de medios, ya te habrás dado cuenta de que las sugerencias de medios y entretenimiento potenciadas por la IA, se personalizan según tus preferencias. Como tener un mejor amigo que presta atención a lo que te gusta y lo entrega, los algoritmos de IA son capaces de monitorear tus elecciones de películas, música y contenido y acercar contenido similar a tu búsqueda.

Transporte y Movilidad

Ya adoptada por compañías gigantes de logística y distribución de productos como DHL, FedEx y Amazon, hay una aplicación creciente de la IA en movilidad y transporte. Entregar productos desde los sitios de fabricación hasta los usuarios finales, es una parte integral de cualquier negocio. Si hay retrasos, daños o inconvenientes, el negocio no solo pierde dinero tratando de remediar la situación, sino también pierde la confianza y lealtad de sus clientes. La operación manual de una compañía de logística es una manera obsoleta de hacer las cosas. Por lo tanto, este es un área donde el despliegue de la tecnología sigue maravillando. La capacidad de rastrear el transporte de entrega y monitorear el aseguramiento de la calidad en las estaciones de carga y descarga, minimiza errores y mejora la entrega de servicios. Usando visión por computadora, los vehículos de entrega son capaces de detectar tráfico y optimizar rutas para ahorrar tiempo y llegar a sus destinos más rápido.

Ciberseguridad

Actualmente en alrededor de $10 billones, la capitalización de mercado de la IA en ciberseguridad se estima que estará por encima de $80 billones para 2030 (Sajid, 2023), indicando el aumento en la demanda e implementación de la tecnología. Con una cultura digital en crecimiento, donde la mayoría de nuestras operaciones diarias se realizan en línea, el robo de datos en línea se ha convertido en una mina de oro para ciberdelincuentes e individuos malintencionados. Las personas están siendo acosadas en línea y la información personal e identidades son robadas y mal utilizadas a un ritmo alarmante, porque los ciberdelincuentes avanzan más rápido que las fuerzas de la ley en línea. La IA es la solución más cercana y mejor para frenar estos problemas debido a la capacidad de detección temprana de malware y phishing, detección de riesgos de brecha y automatización de tareas. En lugar de esperar una amenaza y solo tratarla más tarde, como es común con la ciberseguridad manual, los modelos de IA están entrenados para detectar un ataque antes de que realmente ocurra y establecer mecanismos de defensa de firewall o red.

Además, el director de defensa de ciberseguridad en Deep Instinct, Chuck Everette, afirmó audazmente que los sistemas de detección de malware potenciados por IA son aproximadamente 80–92% eficientes, mientras que los basados en firmas solo tienen una tasa de eficiencia de 30–60% en prevenir amenazas cibernéticas (Sajid, 2023). Usar visión por computadora y redes neuronales ha demostrado ser un ejercicio efectivo en ciberseguridad. Los sistemas de seguridad basados en aprendizaje automático, también aseguran que las amenazas y violaciones de seguridad sean tratadas incluso antes de que ocurran, debido a su capacidad para procesar y consolidar grandes cantidades de datos que serían tediosos para los humanos. La detección manual de amenazas llevaría mucho tiempo y recursos, lo que derrotaría el propósito al mirar la tasa de nuevas vulnerabilidades. Para cuando los humanos traten con un problema viejo, ¿cuántas nuevas amenazas habrán penetrado el sistema? Con la capacidad de automatizar la detección de amenazas y emplear contramedidas necesarias, esta es otra área donde la IA merece un reconocimiento y una consideración seria. Sin embargo, vale la pena mencionar que usar la IA en ciberseguridad no es todo color de rosa; los atacantes cibernéticos aún pueden obtener acceso al material de entrenamiento de modelos de IA y usarlo para manipular sistemas de IA. Otro inconveniente es que los modelos de IA se alimentan con datos en tiempo real que a menudo son sensibles, lo que aumenta las preocupaciones por la privacidad.

Robótica

Con implementaciones que se remontan hasta la década de 1960, el campo de la robótica es posiblemente una de las primeras aplicaciones de la IA. Simplemente ha crecido en diferentes industrias. Aunque hemos visto un aumento de robots en películas de ficción, esta es un área donde la aplicación de la IA puede verse en un alcance multidimensional. Los robots pueden ser asignados a cualquier tarea en cualquier industria. Nuestro enfoque principal en esta sección será en robots físicos que tienen acceso a la movilidad. Se estima que alrededor de 400,000 robots se introducen anualmente, con alrededor de tres millones actualmente, potenciando las industrias en el mundo (Sajid, s.f.).

Desde ensamblar vehículos, levantar maquinaria pesada y realizar todas las tareas que requerirían más esfuerzo humano del que es posiblemente necesario, la IA en robótica ha hecho grandes avances a nivel de industria. Sin embargo, esa no es su única área de utilidad. También habrás visto una tendencia creciente en robots de servicio. La era del COVID-19 popularizó el servicio sin contacto, ya que las empresas emplearon robots de servicio para tomar los pedidos de comida de las personas en restaurantes, entregar comida a las mesas respectivas, saludar a los clientes, cosechar cultivos, soldar maquinaria y realizar de manera eficiente la mayoría de los deberes automatizables. Estos robots ya existían antes de la pandemia, aunque solo se desplegaron a pequeña escala o por usuarios pioneros de la tecnología, independientemente de si eran sectores tecnológicos o no tecnológicos.

Además de la productividad eficiente y un mejor servicio al cliente, otra área fascinante donde la robótica brilla, es en la realización de tareas riesgosas, como explorar territorios más allá de nuestra capacidad actual. Personas curiosas y científicos han intentado explorar otros planetas, como Marte, que no pueden alcanzar personalmente con la tecnología actual. Y aún así, han podido enviar con éxito robots en una misión para explorar y tomar muestras en busca de señales de posible vida en el planeta rojo. El arduo viaje para explorar cualquier posibilidad de vida interplanetaria, solo puede ser emprendido por máquinas, y desde que los Rovers de Marte aterrizaron con éxito, los científicos son capaces de estudiar más a Marte y otras fascinantes misiones más allá de la Tierra.

La Influencia de la Inteligencia Artificial en la Vida Cotidiana

La IA se ha convertido en parte de nuestras vidas diarias, simplificando tareas, mejorando la comunicación y haciendo nuestros hogares más inteligentes y convenientes. Es como tener un amigo útil o un asistente personal que siempre está ahí cuando necesitas ayuda o una recomendación. Así que, la próxima vez que le pidas a tu asistente de IA el pronóstico del tiempo o compres en línea, recuerda la magia que ocurre tras bambalinas.

Asistentes Personales

Con la capacidad de configurar tus recordatorios, responder preguntas, hacer llamadas manos libres e incluso contarte chistes, los asistentes personales potenciados por IA son como tus compañeros digitales. Imagina preguntar: "Hey, Siri, ¿cómo está el clima hoy?" y obtener una respuesta instantánea, ayudándote a planificar tu día. Puedes pedirle a tus asistentes personales todo tipo de comandos, y ellos responderán. Incluso cuando no pueden proporcionar una respuesta concreta a tu pregunta, pueden decirte sus limitaciones y sugerir recursos donde podrías obtener mejor ayuda.

Recomendaciones en Línea

Cuando compras en línea, los algoritmos de IA trabajan silenciosamente en segundo plano, analizando tus preferencias basadas en tus elecciones pasadas. Luego sugieren productos o contenido que probablemente te encantarán. Piensa en ello como tener un amable asistente de compras que conoce tu gusto y te muestra el par de zapatos perfecto que ni siquiera sabías que querías. Solo ten en cuenta que esto podría aumentar las compras impulsivas; sin embargo, es una herramienta útil para un comprador disciplinado que quiere comprar algunos artículos sin tener que conocer todos los nombres de los productos. Incluso si querías una cierta gama de artículos y no sabías que había más artículos para completar el conjunto, los algoritmos de IA te lo llevarán a la punta de tus dedos.

Comunicación y Traducción de Idiomas

La IA te ayuda a comunicarte con personas de todo el mundo, incluso si no hablas el mismo idioma. Los chatbots y herramientas de traducción pueden convertir instantáneamente tus palabras a otro idioma. Imagina chatear con un amigo de Japón sin saber japonés. La IA puede traducir tus mensajes para que puedas tener una conversación significativa y conectar mejor con los demás.

Tecnología de Hogar Inteligente

Con dispositivos de hogar inteligente potenciados por IA, tu hogar se convierte en un castillo de un mago. Puedes controlar tus luces, termostato y sistemas de seguridad con tu voz o teléfono inteligente. Con la integración en el hogar, tu hogar obedece tus comandos para encender las luces y regular las temperaturas a tu gusto.

Servicio al Cliente

Ya sea que tú o tus clientes tengan una pregunta o necesiten ayuda con un producto, los chatbots de IA y asistentes virtuales están ahí para ayudar. Pueden responder preguntas comunes y guiarte a través de la resolución de problemas. Sobresalen como agentes de servicio al cliente, disponibles 24/7, para ayudar a rastrear un paquete o encontrar respuestas a preguntas frecuentes. Esta característica altamente receptiva, hace que cualquier plataforma en línea sea eficiente tanto para clientes como para organizaciones.

Ponderando los Beneficios y Desventajas de la Inteligencia Artificial

Como cualquier innovación, la IA tiene sus propias áreas donde maravilla y posiblemente nos ahorra muchos problemas y esfuerzos. También tiene limitaciones que pueden dañar o disminuir la calidad de vida de la sociedad. En esta sección, expongo tanto lo bueno como lo malo de esta tecnología y te dejo sopesar tus opciones.

Beneficios

Procesamiento y Análisis Rápidos de Datos

Debido a su capacidad para procesar enormes cantidades de datos en segundos, los modelos de IA pueden leer y analizar cualquier dato dado en busca de pistas y respuestas. Esto facilita la toma de decisiones delicadas, en momentos en los que los seres humanos pueden tener dudas. Donde los humanos son demasiado analíticos o emocionales, la IA puede ser orientada a resultados con rapidez.

Elimina el Error Humano

Entrenados para enfocarse completamente en los detalles minuciosos, los sistemas de IA son precisos y consistentes. Esto reduce la probabilidad de errores que los humanos podrían cometer debido a la fatiga o distracción.

Maneja Tareas Mundanas

La IA sobresale en tareas repetitivas y monótonas, liberando a los humanos para enfocarse en roles altamente creativos y estratégicos donde se requiere un toque personal.

Capaz de Manejar Tareas Arriesgadas para Evitar Sacrificar Vidas Humanas

Como se mencionó anteriormente en la sección de robótica, los agentes de IA pueden llevar a cabo las misiones más peligrosas. Ya sea desactivando bombas o explorando territorios peligrosos donde las vidas humanas estarían en riesgo, asumen el llamado y se sacrifican por el equipo sin ninguna duda.

Disponibilidad 24/7

Los chatbots impulsados por IA mejoran el servicio al cliente y proporcionan respuestas inmediatas a las consultas de los clientes. Trabajan todo el día sin necesidad de descansos, asegurando una operación continua y disponibilidad.

Desventajas

Costoso

Aunque actualmente hay un aumento en herramientas de IA gratuitas, aún necesitas suscribirte al acceso premium para obtener la mejor experiencia y la capacidad de poseer tu contenido creado. Para algunas herramientas, el costo de entrada no es asequible para la persona promedio. Como mencioné en la sección de educación, algunas universidades e individuos no pueden permitirse integrar herramientas de IA en sus sistemas académicos actuales. Del mismo modo, la IA que ayuda a los médicos a detectar y diagnosticar condiciones médicas ocultas, tampoco es barata. Dependiendo del tamaño de una empresa, y del nivel de complejidad de una solución potenciada por IA, el costo de la IA generalmente incluye la creación de software, mano de obra, entrenamiento y mantenimiento. Los costos de software pueden oscilar entre $30,000–45,000, la mano de obra $25–49/hora, mientras que el entrenamiento y mantenimiento costarían aproximadamente $8,999–14,999. Para una empresa mediana, integrar una herramienta de inteligencia artificial de complejidad moderada a alta puede costar hasta $100,000. Empresas más pequeñas o más grandes pueden buscar soluciones de inteligencia artificial con niveles de complejidad más bajos o más altos, lo que afectaría el costo hacia arriba o hacia abajo (RisingMax, 2023). Estas cifras impresionantes indican, que incluso con soluciones de IA muy rebuscadas, los costos podrían ser un serio impedimento.

Disminuye la Creatividad Humana

El uso extensivo de herramientas de IA, aumenta la dependencia de los humanos en las máquinas para crear y realizar tareas en las que solían disfrutar y sobresalir.

Reducción de Empleos

Aunque las aplicaciones de IA también vienen con nuevas posiciones de trabajo, hay un alto riesgo de que las personas sean despedidas de áreas que son fácilmente automatizables. Las personas que aún no han adoptado la tecnología no saben cómo mejorar sus habilidades. Si automatizar sus tareas actuales es más eficiente y rentable para las organizaciones para las que trabajan, sus habilidades obsoletas ya no son necesarias, y eso los deja sin trabajo, contribuyendo así a altas tasas de desempleo.

Falta de Emoción y Toque Personal

Para campos como la asesoría y el cuidado, las aplicaciones de IA sonarían genéricas e impersonales. Algunas áreas requieren que los humanos sean empáticos y comprensivos, mientras que los agentes de IA están entrenados para enfocarse sin desviación. Además, aunque algunas personas puedan argumentar que la IA generativa tiene un elemento humano en ella, simplemente hay cosas que ningún robot puede personalizar. El texto generado a través de GPT y otros modelos, puede sonar como si hubiera sido escrito por humanos, si la instrucción del bot es escribir en un tono atractivo. Sin embargo, sin ninguna edición, ese texto carecería de un toque personal en términos de ejemplos verdaderos, que muestren empatía y otras emociones. Aunque el destinatario del material generado por IA pueda conmoverse emocionalmente, sin comprender completamente que no fue generado por un humano, el remitente sabe que no hace que el material sea verdaderamente sentimental. Piensa en recibir un poema de amor generado por IA y conmoverte por las palabras que no provienen del profundo sentir emocional de alguien, sino de un bot sin emociones que estudió millones de poemas y los regeneró.

Requiere Monitoreo

Los sistemas de IA requieren continuamente monitoreo y supervisión humana para asegurar un funcionamiento suave y ético. Esto también suma al costo de esta tecnología.

Preocupaciones Éticas

El uso de la IA plantea cuestiones éticas, incluyendo sesgos en algoritmos, privacidad de datos y el impacto de la IA en la sociedad, requiriendo una consideración y regulación cuidadosa. Esto se discute con más detalle en el Capítulo 4.

Principales Tendencias en Herramientas de IA

Indiscutiblemente, el espacio tecnológico es una de las innovaciones que evoluciona más rápido. Las principales tendencias que cubro en este capítulo no son perennes per se, porque incluso después de publicar este libro, creo que algunas de las tendencias aquí podrían quedar obsoletas. Esto significa que tienes que estar atento y permanecer involucrado, ya que aprenderás más si te interesa esta área. Aunque ha estado en tendencia durante mucho tiempo, el campo de la IA no era del interés de todos, ya que la mayoría de las personas apenas entendían su desarrollo o propósito, lo cual es lamentable, porque tenemos numerosos problemas apremiantes. Incluso si se nos dijera que los avances de la IA desempeñarían roles cruciales en la solución de problemas de salud, desastres y mejorar en general la eficiencia humana, todo esto sonaba demasiado técnico para que una mente promedio lo comprendiera. Sin embargo, la ola actual de IA captó la atención de las masas, ya que empezamos a ver posibilidades de aplicar la tecnología, sin poseer experiencia científica previa u otras habilidades complicadas. Este capítulo allana el camino sobre cómo podemos usar las herramientas actuales y futuras de IA en nuestras diferentes esferas.

¿Qué Inició este Furor por la Inteligencia Artificial?

La IA siempre ha estado haciendo olas desde su inicio, aunque algunas olas no duraron lo suficiente como para inspirar una adopción masiva. Mayormente popular en novelas de ficción y películas, el avance de este espacio tecnológico ha causado controversias. Aunque el furor actual puede atribuirse a varias creaciones de OpenAI como DALL-E y la serie GPT que tienen capacidades de generar salidas similares a las humanas a partir de varios prompts o indicaciones, la robótica es donde se pueden referenciar la mayoría de los avances. ¿Recuerdas a Sophia, el robot humanoide y la creación de Hanson Robotics? Como mencioné en el Capítulo 1, Sophia es el primer robot de IA al que se le ha otorgado la ciudadanía honoraria y la oportunidad de participar en conferencias transformadoras y dar discursos. Habiendo tenido la oportunidad de viajar a numerosos países y ser invitada en programas de televisión renombrados y grandes plataformas, Sophia abrió los ojos de muchos hacia el avance de la IA y sus capacidades. Aunque no fue la primera humanoide, su popularidad y agudeza la hicieron una de las robots favoritas de la gente. Para otras personas, la inteligencia de Sophia, sus sutiles chistes y sarcasmo controvertido, aumentaron las preocupaciones y el temor del percibido dominio de los robots sobre la humanidad.

En 2023, otro robot humanoide, Ameca, que posee tanto inteligencia artificial como cuerpo artificial, se añadió al frenesí actual de la IA. Se dice que Ameca es el humanoide más avanzado del mundo, ya que es capaz de integrarse con el procesamiento de lenguaje natural en evolución, visión por computadora y redes neuronales, entre otros desarrollos de IA. Así que, mientras que la mayoría de las personas solo empezaron a prestar atención a la IA ahora con la IA generativa, solo están montando en una ola preexistente que comenzó hace un par de años. Lo principal de lo que podemos estar agradecidos con respecto a la última ola de IA, es que demostró que no necesitamos poseer ningún conocimiento previo para entender este campo de estudio que una vez se consideró complejo y reservado para nerds de ciencia y tecnología. A medida que más personas adoptan esta tecnología y la integran en sus actividades diarias, el furor continúa, y no muestra señales de disminuir pronto.

Principales Tendencias en Inteligencia Artificial

Además de las herramientas específicas o individuales de IA en tendencia discutidas hacia el final de este capítulo, podemos observar las tendencias disruptivas de IA categorizándolas según sus capacidades, aplicaciones y popularidad. Las siguientes tendencias son áreas donde la IA ha presenciado el mayor crecimiento en general.

Inteligencia Artificial Generativa

Responsable de la ola actual de IA, la inteligencia artificial generativa está diseñada para ayudarnos a automatizar tareas mundanas y aburridas, y generar contenido relacionable para los humanos. Entrenada con grandes cantidades de datos, este tipo revolucionario de IA es capaz de crear contenido asombroso a partir de cualquier tipo de prompts dados. Puede generar imágenes detalladas personalizadas, texto, audio y salida de video a partir de comandos simples y refinarlos a medida que tú también refinas tus prompts. La IA generativa es el modelo de IA más utilizado y adoptado hoy en día, que cualquiera puede usar sin ningún conocimiento extenso en ingeniería de prompts, porque utiliza lenguaje natural. Puedes colaborar con esta tecnología para producir descripciones de productos, escribir correos electrónicos, crear copias de marketing, elaborar y resumir contenido, escribir libros, crear música o automatizar cualquier tarea repetitiva, para que te enfoques en tareas estratégicas que requieren extrema creatividad humana y toque personal. Tiene habilidades artísticas asombrosas que se pueden ver a través de sus historias de salida, gráficos, pistas de audio y videos. Aunque aún está en sus primeras etapas de desarrollo, la IA generativa, tiene un enorme potencial para convertirse en una fuerza importante a medida que esta tecnología evoluciona. Algunas de las herramientas de IA más populares en esta categoría incluyen ChatGPT, Midjourney y DALL-E, que se pueden usar para generar texto, imágenes, audio y videos de calidad.

Inteligencia Artificial Explicable

Como sugiere el nombre, la inteligencia artificial explicable, representa la tecnología que puede mostrar evidencia de sus procesos. Ha habido controversias con modelos de IA que surgen con datos ambiguos, sin revelar completamente cómo generaron y analizaron esos datos para producir su salida. Esto llevó a cuestionar la fiabilidad de los datos, si los humanos no pueden verificar los procesos de las máquinas al generar o procesar datos. La IA explicable es la tecnología que se inclina más hacia ser una IA responsable, utilizada con buenas intenciones para eliminar cualquier sesgo y agendas ocultas, mostrando la manera en que toma decisiones. Esto puede generar confianza en las áreas donde se aplica. Por ejemplo, los sectores de la salud y las finanzas son sectores sensibles, donde la fiabilidad de los datos es imprescindible. Podemos usar datos generados por IA explicable, con la confianza de que no son dañinos ni engañosos, como otros tipos con resultados cuestionables.

Inteligencia Artificial Integrada

Técnicamente, la inteligencia artificial integrada (IAI), es un sistema no específico, para funciones de IA integradas en dispositivos de red, con el objetivo de proporcionar gestión de modelos, obtener y preprocesar datos para funciones basadas en algoritmos de IA en los mismos dispositivos, mientras ofrece bajos costos de transmisión de datos y garantiza la seguridad de los mismos. Es como tener un ayudante inteligente integrado en tus dispositivos, tales como tu teléfono o equipo de red, para que estos puedan realizar actividades inteligentes usando la IA sin ralentizarlos. La razón principal por la que necesitamos IA integrada, es que esta tecnología está cambiando el mundo realmente rápido, y necesita tres cosas importantes para funcionar: algoritmos (reglas inteligentes), potencia de cómputo (pensamiento rápido) y datos (información). Pero si cada dispositivo tuviera que tener todo esto, se ralentizarían mucho. La IAI es como un sistema de superhéroe que proporciona estas tres cosas a los dispositivos sin hacerlos lentos. Lo logra desglosando sus tareas de la siguiente manera:

Módulo de Modelo

El módulo de modelo es como la parte inteligente que tiene muchos algoritmos de IA diferentes, como distintas formas de resolver problemas. Puedes elegir cuál usar para una tarea en particular.

Módulo de Datos

El módulo de datos recopila y prepara los datos para la IA. Maneja muchos datos necesarios para las tareas de IA sin sobrecargar tu dispositivo.

Módulo de Potencia de Cómputo

Piensa en el módulo de potencia de cómputo como el músculo. Utiliza los algoritmos del módulo de modelo y el módulo de datos para tomar decisiones rápidas. Luego, envía estas decisiones a tu dispositivo, que puede usarlas para hacer cosas inteligentes sin necesidad de resolverlo todo por sí mismo.

Actualmente, las organizaciones no solo están experimentando o incorporando la IA integrada en sus sistemas, sino que están adjuntando completamente la tecnología en sus soluciones principales, para hacerlas más eficientes, inteligentes y automáticas. Una gran ventaja de usar IA integrable, es que se puede incorporar en cualquier dispositivo o sistema, sin que el usuario tenga una amplia experiencia en codificación. Además, su flexibilidad y facilidad de uso permiten que se ejecute en cualquier dispositivo al menor costo, reduciendo los gastos de desarrollo y permitiendo a las organizaciones llegar al mercado más rápido.

Inteligencia Artificial Democratizada

Comparando los sistemas actuales de IA con desarrollos anteriores, hay una tendencia de esta tecnología a ser más democratizada y accesible para todos. Con más herramientas y plataformas de código abierto, dominando Internet, cualquier persona en el mundo puede hacer uso de la IA, incluso de una manera básica en regiones menos privilegiadas. Las grandes empresas tecnológicas también están asegurando que tengamos IA democratizada, al proporcionar una gran cantidad de capacitaciones, tutoriales y cursos en línea para que estas herramientas gratuitas lleguen a las masas. Aunque para obtener lo mejor de la funcionalidad de la IA, a menudo se requieren suscripciones premium, la mayoría de los desarrolladores buscan acomodar y llegar a tantas personas como sea posible, haciendo que las versiones estándar sean gratuitas para usar. Sin embargo, vale la pena señalar que las herramientas gratuitas de IA no se hacen accesibles completamente para el beneficio del público. Los datos son la nueva moneda, así que esencialmente estamos alimentando voluntariamente estos sistemas de IA con nuestros datos, que los desarrolladores utilizan además para entrenar sus modelos.

Aprendizaje Multimodal

La IA multimodal indica que la tecnología realmente ha evolucionado hacia un alcance interoperable, en lugar de cuando solía operarse en una dimensión. Como vimos con diferentes tipos de IA débil, la era tecnológica anterior estaba mayormente poblada con IA basada en tareas que se especializaban en ciertas funciones solamente. Sin embargo, las herramientas actuales en tendencia, también son capaces de realizar multitareas y generar varios modos de salida, desde texto, imágenes, audio y video. Por ejemplo, la IA multimodal puede extraer información de una imagen entendiendo datos visuales, así como usando el texto de descripción o subtítulo acompañante. En la aplicación en salud, la IA multimodal puede combinar datos de imágenes médicas (resonancias magnéticas y escáneres CT) con datos de registros de pacientes y ayudar en el diagnóstico de enfermedades, o la planificación del tratamiento. También se puede usar en vehículos autónomos donde combina datos visuales de mapas, sensores de cámara, detección de imágenes y movilidad, para tomar decisiones de conducción sabias. Además, la IA multimodal también se puede usar para mejorar el servicio al cliente, ya que puede entender la frustración del cliente al reconocer expresiones faciales y patrones de habla para detectar emociones humanas.

Visión por Computadora

La visión por computadora es el tipo de IA que permite a los sistemas informáticos ver y comprender el mundo que les rodea. Se utiliza ampliamente en varias aplicaciones relacionadas con la visión, como reconocimiento facial, coches autónomos y análisis de imágenes médicas. Esta tecnología sobresale más en aumentar la velocidad de automatización de tareas en cualquier industria, donde las tareas principales están basadas en imágenes. También se puede usar para manejar tareas de fabricación como modelado 3D, conteo de productos, detección de defectos y gestión de inventario.

Deepfakes

Apareciendo en 2017, los deepfakes son medios sintéticos generados a través de la IA para retratar información falsa. El término "deepfakes" proviene de la tecnología de aprendizaje profundo utilizada para crear contenido falso o inexistente. Los deepfakes son una tendencia común de la IA donde imágenes, audio o videos son manipulados para representar eventos que nunca ocurrieron o cosas que ni siquiera existen en la realidad. Involucra adulterar multimedia para que parezca que alguien dijo o hizo algo que no hizo, usando herramientas como el intercambio de rostros. Como puedes imaginar, los deepfakes tienen el potencial de ser utilizados para fines maliciosos, como incriminar a personas inocentes o manipular opiniones de las personas, basadas en noticias falsas, estafas y propaganda. De hecho, los deepfakes se convirtieron en una preocupación, cuando la cara de la famosa actriz Emma Watson fue insertada en un video pornográfico que se volvió viral (Payne, 2023).

En 2019, la tecnología también fue mal utilizada en una estafa de $243,000, donde la voz del líder de una empresa de energía con sede en el Reino Unido, ordenó que se realizara la transacción a un proveedor húngaro (Somers, 2020). Puede ser usada de esta manera si los estafadores obtienen acceso a tus canales de comunicación y comienzan a contactar a tu familia para fondos de emergencia, o fingen tu secuestro y exigen un rescate.

Cuando se usa para bien, los deepfakes podrían beneficiar al sector educativo. Se han realizado pruebas donde la tecnología se utilizó para retratar a científicos explicando teorías complejas de formas más sencillas de entender, e íconos históricos hablando en su lengua materna. Los deepfakes también pueden usarse positivamente en la formación de modelos de IA, con más datos de medios sintéticos de condiciones de salud raras con menos material disponible. Además, pueden usarse en la traducción, donde un video se traduce a varios idiomas para expandir un mensaje por una buena causa, como se vio en la campaña de concienciación sobre la malaria de David Beckham (Payne, 2023).

Inteligencia Artificial para el Bien

La IA para el bien, es la aplicación responsable y beneficiosa de la IA para resolver problemas sociales y medioambientales. Es un área creciente de investigación en IA, y se está utilizando en una variedad de aplicaciones, como la lucha contra el cambio climático y la reducción de la pobreza. En palabras de la mayoría de los agentes de IA, incluida Sophia, están diseñados para el bien y no para el daño; por lo tanto, la IA para el bien puede ayudarnos a crear un mundo más sostenible y equitativo.

Elección de las Herramientas de IA Adecuadas

Internet está repleto de una plétora de herramientas de IA en tendencia, tanto que es difícil reducirlas y elegir las que puedes usar. En esta sección, he categorizado algunas de las herramientas de IA más útiles, basadas en lo que se especializan para que puedas concentrarte en las relevantes para ti. Ya sea que quieras maximizar tu productividad, reducir tu carga de estudio o crear contenido atractivo sin gastar mucho tiempo en diseño.

Productividad

Las herramientas que optimizan la productividad, generalmente funcionan para ayudarte a hacer mucho en la mitad de tiempo. Independientemente de la complejidad de las tareas a mano, contar con excelentes herramientas de IA asegura que tu tiempo se use óptimamente en tareas que normalmente llevarían mucho tiempo. Por ejemplo, crear manualmente una presentación solía ser una tarea que consumía mucho tiempo al juntar diapositivas, alinear tu contenido y aún así, tener que hacerlo visualmente atractivo. Sin embargo, ahora cuentas con herramientas como Beautiful.ai, donde das la instrucción para crear una presentación de estudio o trabajo, y la herramienta lo hace en menos de un par de minutos. Puedes arrastrar y soltar imágenes y texto en la herramienta Beaut iful.ai, decirle lo que quieres que haga, y genera el primer borrador que puedes editar como desees. También puedes crear el sitio web de tus sueños en cuestión de minutos con el constructor de sitios web de IA de Hostinger, que no requiere habilidades previas más allá de arrastrar y soltar tu contenido deseado.

Además, puedes usar Descript para transcribir cualquier contenido de video a texto en minutos. En lugar de reproducir el video una y otra vez para extraer su texto, Descript transcribe cualquier video que tenga subtítulos. Potenciado por GPT-4, Taskade es otra herramienta poderosa que integra toma de notas, programación y gestión de tareas, ayudando a los usuarios a optimizar su flujo de trabajo y organizar tareas de manera efectiva. Como alternativa a

Notion, Taskade también se puede usar como una herramienta de gestión de proyectos como las descritas a continuación.

Chatbots

Los chatbots traen eficiencia a cada industria y plataforma en las que se integran, ya que aseguran que los clientes no se queden esperando mientras otros están siendo atendidos por los agentes disponibles. La capacidad de automatizar respuestas, al tiempo que se brinda interacción personalizada, facilita que las personas obtengan ayuda describiendo sus situaciones. Esto permite que las máquinas manejen numerosas solicitudes básicas de clientes, mientras solo los casos graves son escalados para ser manejados por humanos.

Creación de Contenido

Dependiendo del tipo de contenido que estás creando, hay varias herramientas que puedes usar para diseñar y crear contenido único. Haz que tu arte imaginativo cobre vida simplemente dando un prompt de texto o habla, a una herramienta de IA y observa cómo crea para ti.

Puedes refinar tus imágenes y videos instruyendo al bot sobre diferentes colores de fondo, siluetas, sombras y objetos. Midjourney es una de las herramientas de IA gratuitas más increíbles que pueden generar gráficos, portadas de libros, banners y fotos de perfil. Aunque no pagas nada para usar esta herramienta, debes unirte al canal de discord de Midjourney para acceder a herramientas de edición gratuitas. Sin embargo, si deseas privacidad y propiedad exclusiva de tu contenido, puedes actualizar a una versión de pago. Si tu enfoque principal es el contenido escrito, consulta la sección específica a continuación para obtener herramientas increíbles impulsadas por IA, que llevarán tu escritura de corta o larga forma, al siguiente nivel. Bing Image Creator, es también otra herramienta de IA de libre acceso para crear o modificar tu arte.

Gestión de Proyectos

La gestión de proyectos requiere eficiencia de esfuerzo y costo, optimización del trabajo y recursos, así como eliminación de errores. Estas son áreas que fácilmente pueden ser amplificadas, integrando IA para automatizar algunas tareas con el fin de ahorrar tiempo y reducir costos. Usar IA también puede minimizar errores humanos en tareas, permitir la fácil creación de asignaciones para equipos y rastrear el progreso. Algunas de las mejores herramientas de IA para la gestión de proyectos incluyen Notion, que es una herramienta versátil y gratuita que gestiona una variedad de tareas, desde la creación de contenido, escritura, edición, lluvia de ideas y toma de notas, todo esto sin cambiar entre múltiples plataformas. Es una plataforma fácil de usar que se adapta perfectamente a cualquier flujo de trabajo para optimizar tus tareas, actualizar a tus equipos y colaborar en proyectos. También viene a un precio premium de pago que desbloquea características adicionales para optimizar tu trabajo, mejorar tu productividad y creatividad.

Notion también edita y resume contenido escrito para mejorar la calidad.

Además, Trello es otra herramienta de IA flexible y útil, que lleva la gestión de proyectos al siguiente nivel. Aunque esto era solo un software de gestión de proyectos, su integración de IA amigable para principiantes, es una gran herramienta adicional que mejora el rendimiento del trabajo, tanto para principiantes como para expertos en gestión de proyectos. Con la capacidad de crear tableros, asignar tareas, monitorear el progreso y optimizar el flujo de trabajo, los equipos pueden mantenerse al tanto de sus objetivos de proyecto. También tiene una gran característica que te permite integrar el calendario, para asegurarte de que todo el equipo esté al tanto de la fecha límite de entrega de un trabajo determinado y puedan gestionar las tareas en pequeños fragmentos hasta alcanzar el objetivo. Trello también ofrece una amplia gama de opciones de precios para adaptarse a tu presupuesto. Otras excelentes herramientas de gestión de proyectos impulsadas por IA incluyen Monday.com, Asana, Smartsheet y Basecamp. Estas herramientas también ofrecen planes de precios variables para acomodar a pequeñas y grandes empresas que requieren flujo de trabajo optimizado, trabajo en equipo enfocado, productividad y eficiencia.

Escritura

Si tu enfoque es escribir contenido atractivo que toque corazones, es un hecho que tus lectores preferirán un enfoque más personal en tu escritura. Lo mismo es cierto si escribes piezas de marketing, artículos de SEO, páginas de aterrizaje o copias. Quieres contenido de alta calidad que se convierta en ventas. La aplicación de IA en este nicho tuvo a la gente hablando, ya que pensaban que el contenido escrito por IA sería obvio y no sentimental. Sin embargo, eso fue antes de que la gente conociera las mejores formas de aprovechar herramientas de IA, como ChatGPT, WriteSonic y Grammarly. Desde escribir por ti basado en tus prompts, hasta ayudarte a editar tu contenido escrito, estas herramientas te ahorran mucho trabajo investigando y organizando tu contenido. Como procesadores de lenguaje natural, estas herramientas de IA entienden los prompts y también son capaces de entregar salida de manera atractiva. Incluso, puedes "enseñar" a estas herramientas a imitar tu contenido anterior para que emulen el tono y entreguen tu mensaje deseado. Puedes pedir a estos modelos de IA que te ayuden a parafrasear, reescribir, resumir o elaborar cualquier contenido con cualquier instrucción específica (tono o audiencia específica), y pueden hacerlo por ti. Sin embargo, debes ser un usuario responsable y asegurarte de que el contenido sea fáctico y no plagiado. También debes asegurarte de que tu contenido suene escrito por un humano utilizando herramientas de detección de IA como Originality.ai, Duplichecker AI detector, y ZeroGPT.

Estudio

Estudiar puede ser un desafío para la mayoría de las personas con limitaciones de aprendizaje como la dislexia. Esta es el área donde la IA está recibiendo afirmaciones positivas, tanto de estudiantes como de educadores. Algunas de las mejores herramientas que puedes usar incluyen Speechify, una herramienta que convierte cualquier texto escrito en palabras habladas, para que los estudiantes puedan escuchar el material en lugar de leerlo. Esto mejora la comprensión y la retención de la memoria. Speechify tiene una gran característica donde los usuarios pueden regular la velocidad de reproducción como deseen; puedes aumentar la velocidad para mejorar tu velocidad de lectura o reducirla para prestar atención al detalle. Puedes cambiar acentos, idiomas e incluso personalizar voces de celebridades para un aprendizaje divertido.

Además, Humanata AI es una de las excelentes herramientas de IA donde puedes subir tus notas escolares y libros de texto y luego hacerle al bot cualquier pregunta relacionada con el material subido. No solo te dará la respuesta correcta, sino que incluirá el número de página para referencia y una versión resumida o extendida del texto.

Para investigación y estudios académicos, Quillbot es una herramienta de IA increíble con funcionalidades integradas de parafraseo, traducción, comprobación de gramática y plagio, generación de citas y resúmenes. Te permite modificar el tono del contenido sin perder el significado central, asegurando que permanezca auténtico. Añadiendo a estos estudios enfocados en la investigación, Genei es una herramienta increíble que extrae y resume las notas clave de cualquier material de investigación, te permite construir tu propia biblioteca de investigación y organiza todo en notas fáciles de navegar. También ayuda a expandir o acortar tu contenido según desees, para darte suficiente información sin abrumarte con un artículo completo. Al igual que Quillbot, Genei también es capaz de generar citas para tu contenido. Cuesta $9.99 al mes con un 40% de descuento para estudiantes académicos (Dr. Alex Young, 2023).

Desafíos Éticos de la IA

Junto con el aumento del avance tecnológico, están aumentando las preocupaciones con respecto a la ética de la IA. La ética de la IA significa esencialmente la aplicación responsable y moral de la tecnología, adhiriéndose a las pautas, principios y estándares que rigen su desarrollo e implementación. El uso responsable y moral de la IA, conlleva considerar las implicaciones éticas y los impactos sociales de las tecnologías de la IA, y asegurar que se desarrollen y apliquen de manera que estén alineadas con los valores y derechos humanos fundamentales, respetando los mismos. Es primordial que los sistemas de IA sean justos y no discriminen contra individuos o grupos, basados en raza, género, etnia u otros factores. Si hay sesgos en los datos y algoritmos, la ética de la IA exigiría que se aborden. En lugar de ser crípticos ocultando métodos y estrategias de procesamiento de datos, debe haber transparencia, haciendo que los sistemas de IA sean más comprensibles y explicables para que los usuarios puedan tener una idea de cómo se toman las decisiones de la IA. La ética de la IA debería ser una preocupación para todos, porque incluso aquellos que no están interesados en la tecnología, pueden ser víctimas de decisiones impulsadas por la IA que afecten directamente sus vidas. Desde lo que determina las tasas de interés de los préstamos o las aprobaciones de préstamos, hasta las admisiones a la universidad o los resultados del empleo, si se utilizan algoritmos de IA en estas decisiones, es probable que haya disparidades de las que la mayoría de las personas ni siquiera son conscientes. Por lo tanto, este capítulo aborda de manera sucinta la ética de la IA en detalle, y señala la dirección que la sociedad debe tomar para asegurar que los desafíos éticos se aborden.

Preocupaciones Éticas Expresadas por Líderes de la Industria Tecnológica

Como mencioné, la mayoría de los usuarios y no usuarios de la IA, son ajenos a los dilemas éticos de la IA; por lo tanto, generalmente son aquellos que han estado en este espacio durante más tiempo quienes están tratando de educar a las masas sobre la ética de la IA y su código de conducta. Habiendo usado o presenciado aplicaciones de IA de primera mano, los líderes de la industria tecnológica tienen la experiencia de las limitaciones de la IA y están en una misión para hacer que este espacio sea seguro para todos. Esta sección es un resumen de algunas de las principales preocupaciones éticas expresadas por aquellos que entienden mejor la tecnología y quieren mejorar su aplicación en la sociedad.

Violación de la Privacidad

Los sistemas de IA se entrenan con enormes conjuntos de datos personales, lo que genera preocupaciones sobre la privacidad y la seguridad. Si estos datos no están debidamente protegidos, podrían ser hackeados o robados y usados para dañar a individuos o a la sociedad en su conjunto. Por ejemplo, la IA podría usarse para crear deepfakes que podrían ser utilizados para chantajear o extorsionar a personas.

Sesgo

Los sistemas de IA aprenden de los datos con los que se entrenan, lo que significa que pueden reflejar los sesgos que existen en esos datos. Por ejemplo, si un sistema de IA se entrena en un conjunto de datos de imágenes que son en su mayoría de hombres blancos, es más probable que identifique a los hombres blancos como rostros. Esto puede llevar a resultados injustos, como que las personas de color tengan menos probabilidades de ser contratadas para un trabajo o ser detenidas por la policía.

Falta de Transparencia

Los sistemas de IA pueden ser complejos y opacos, lo que dificulta que las personas comprendan cómo funcionan y por qué toman las decisiones que toman.

Falta de Inteligencia Emocional

Como mencioné anteriormente, los sistemas de IA no tienen inteligencia emocional, lo que significa que no pueden comprender ni empatizar con las emociones humanas. Esto puede dificultar que los sistemas de IA tomen decisiones justas y equitativas. Por ejemplo, un sistema de IA que se usa para decidir quién obtiene un préstamo, puede no ser capaz de tener en cuenta las circunstancias personales del prestatario, como si recientemente ha perdido un trabajo o ha tenido una emergencia médica. A menudo son racionales en su análisis, dejando de lado la humanidad o la compasión.

Obstáculo para el Avance Social

La dependencia excesiva de la IA para hacer descubrimientos innovadores e investigaciones, prohíbe a las personas influir en el cambio o desafiar el status quo. La percepción de ser superados por un robot, puede hacer que las personas duden en presentar nuevas ideas por temor a no ser consideradas inteligentes. Incluso, cuando alguien ve un ángulo diferente que contradice una idea presentada a través de un sistema de IA, es posible que no esté tan dispuesto a compartirla con otros. Esta noción obstaculiza el avance social, ya que las personas prefieren callar en lugar de expresar sus opiniones.

Limita la Disposición Humana para Tomar Decisiones Difíciles

La capacidad de la IA para tomar decisiones rápidas e informadas donde los humanos naturalmente dudarían, puede ser buena para la eficiencia de la empresa. La pregunta es, ¿a qué costo? Cuanto más sepan las personas que la IA tomará decisiones difíciles por ellos, más reacios estarán a pensar o incluso a explorar nuevas teorías. Esto mata la audacia, la autoconfianza, y el control sobre situaciones que requieren liderazgo humano. Si esto se perpetúa, conducirá a las personas a la timidez y la desconfianza en sus propias capacidades para liderar e influir en otros.

Resultados Injustos

Dado que los sistemas de IA se entrenan con datos recopilados del mundo real, pueden reflejar los sesgos, prejuicios y desigualdades que ya existen en la sociedad. Por ejemplo, un sistema de IA que se utiliza para predecir quién podría cometer un delito, probablemente prediga que las personas de color son propensas a llevarlo a cabo. Esto puede generar resultados injustos, como que las personas de color tengan más poaibilidades de ser encarceladas.

Eventos Nocivos Perpetrados por Falsas Predicciones de la IA

Los sistemas de IA pueden cometer errores con consecuencias dañinas. Por ejemplo, un sistema de IA que se utiliza para dar resultados médicos, podría diagnosticar erróneamente a un paciente, lo que lo llevaría a recibir el tratamiento incorrecto. Los sistemas de IA también podrían usarse para crear noticias falsas o propaganda, para engañar a las personas, arruinar reputaciones y llevar a eventos dañinos. Otro caso puede ser, si los sistemas de IA se utilizan para medir el tiempo y la severidad de un desastre natural inminente, como un ciclón o un terremoto. Los errores de cálculo pueden llevar a los residentes a no evacuar el lugar a tiempo, arriesgar sus vidas y pertenencias que podrían haberse salvado si la predicción fuera precisa.

Amenaza a la Seguridad Laboral

Aunque a la mayoría de las personas les encanta que se alivie su carga de trabajo, y que las tareas aburridas sean entregadas a la IA, la automatización es una gran amenaza para aquellas personas que únicamente saben y disfrutan hacer las tareas corrientes. Por ejemplo, un número significativo de empresas ahora le confían la mayoría de sus trabajos administrativos y consultas de rutina a chatbots. Esto ha provocado una disminución considerable en la necesidad de agentes humanos. Mientras tanto, algunas empresas intentan evitar dejar completamente a otras personas sin trabajo, creando otras posiciones para supervisar y monitorear chats, o desviándose completamente a nuevas asignaciones, también se está volviendo costoso capacitar a todos para otros roles. Ninguna empresa es capaz de llevar a todos en el viaje, ya que algunas personas son mayores y menos dispuestas a aprender nuevas habilidades para sus nuevos puestos. Ahora, reemplazar recursos humanos con tecnología impersonal plantea preocupaciones éticas, ya que contratar una máquina es diferente de contratar a un ser humano que tiene dependientes y un rol social que desempeñar.

Una Oportunidad para Criminales

Con los ciberdelincuentes teniendo igualmente acceso gratuito a herramientas potenciadas por IA, hay un peligro creciente para la humanidad, y una amenaza mayor para la ciberseguridad. Una cosa inevitable sobre los criminales, es la rapidez con la que adoptan y usan mal la tecnología para su propio beneficio. ¿Recuerdas cómo los primeros usuarios de la tecnología blockchain, particularmente Bitcoin, eran personas que operaban en la dark web? La idea de que una tecnología creada para mejorar el sistema monetario, reduciendo la inflación de la moneda, se use para actividades ilegales, mancha el bien que representa. Además, su naturaleza anónima y la libertad de ser creada por cualquiera, también permite a los intrusos maliciosos continuar estafando los fondos de personas inocentes. Esto conduce a la adopción gradual, con un propósito más significativo de las criptomonedas, y exige medidas regulatorias estrictas contra el avance tecnológico. La aplicación de la IA en blockchain y otras industrias, sigue dejando un sabor amargo en la boca de las víctimas de delitos, ya que hace que sea más difícil rastrear y castigar a los criminales. Por ejemplo, la gente aún utiliza bots de IA para participar de manera desleal en preventas, obtener ventajas indebidas en transacciones y manipular precios, lo que lleva a negociaciones fraudulentas.

Además, ya mencioné en el capítulo anterior, que los deepfakes son otra aplicación de IA mal utilizada para actividades dañinas. La reputación de las personas está en constante riesgo ya que los estafadores continúan manipulando datos, y los seres queridos de las víctimas se convierten en objetivo de extorsión. Todos estos sentimientos negativos y actividades criminales en torno a la tecnología, hacen que sea más difícil para las personas confiar en que la IA puede usarse para un propósito mayor, sin favorecer actividades criminales. No es sorprendente que los líderes de la industria sigan advirtiéndonos de que la IA en las manos equivocadas es catastrófica.

Preocupaciones de Privacidad y Ética de Datos en la IA

Las preocupaciones de privacidad, y la ética de datos en la IA, son aspectos críticos de la ética de la IA que se centran en proteger los derechos de privacidad de las personas, y asegurar que los datos utilizados en sistemas de IA se manejen de manera responsable y ética. Abordar las siguientes preocupaciones de privacidad y adherirse a los principios de ética de datos, implica políticas claras, prácticas transparentes, consentimiento informado, medidas de seguridad robustas y supervisión continua, para asegurar que las tecnologías de IA respeten la privacidad y los derechos de datos de las personas, mientras entregan sus beneficios previstos.

Recolección de Datos y Consentimiento

Los sistemas de IA a menudo requieren acceso a grandes cantidades de datos, que pueden incluir información personal. Recopilar estos datos sin consentimiento informado puede infringir la privacidad de las personas. Por ejemplo, una aplicación móvil que recopila datos de ubicación sin informar claramente a los usuarios u obtener su consentimiento, está infringiendo su privacidad.

Seguridad de Datos

La preocupación aquí es que medidas de seguridad de datos inadecuadas pueden llevar a violaciones de datos y acceso no autorizado a información sensible, lo que plantea riesgos significativos de privacidad. Por ejemplo, un sistema de IA de atención médica que almacena registros de pacientes sin encriptación robusta, haciéndolos vulnerables a hackeos, es un riesgo de seguridad significativo. Con los sistemas de IA, se acabaron los días de la confidencialidad médico-paciente, ya que datos que se suponían confidenciales, ahora corren el riesgo de ser accedidos por intrusos y usados sin el consentimiento del dueño.

Anonimización de Datos

Identificar a individuos a partir de datos supuestamente anonimizados, puede comprometer la privacidad. Técnicas de IA pueden, a veces, desanonimizar datos, revelando detalles personales. Esto se evidencia por investigadores que lograron reidentificar a individuos a partir de registros médicos supuestamente anonimizados.

Sesgo y Discriminación

Como se discutió anteriormente, datos o algoritmos sesgados pueden derivar en resultados discriminatorios de IA, lo que a su vez afectaría desproporcionadamente a ciertos grupos, generando preocupaciones éticas y de privacidad. Por ejemplo, una herramienta de reclutamiento potenciada por IA que discrimina contra solicitantes de trabajo, basada en género o raza, debido a estar entrenada en datos sesgados o discriminatorios, conllevará a resultados cuestionables.

Vigilancia y Rastreo

Sistemas de vigilancia potenciados por IA, pueden infringir derechos de privacidad al rastrear sindividuos sin su conocimiento o consentimiento. El ejemplo se puede ver con el uso generalizado de tecnología de reconocimiento facial en espacios públicos para fines de vigilancia.

Propiedad y Control de Datos

Aclarar quién posee y controla los datos utilizados en sistemas de IA, es una consideración ética, ya que los individuos pueden querer más control sobre sus datos. Por ejemplo, puede haber preguntas sobre quién posee los datos generados por un dispositivo de hogar inteligente; ¿el usuario o el fabricante del dispositivo?

Obtención Ética de Datos

Actualmente hay preocupaciones sobre la obtención ética de datos para entrenar modelos de IA, especialmente cuando los datos se recopilan de redes sociales u otras fuentes en línea. Obtener información ya expuesta, significa que las personas no tienen control sobre qué se hace público y qué permanece privado en cuanto a sus vidas. Por lo tanto, la obtención ética de datos incluye asegurar que los datos utilizados en la IA se adquieran legal y éticamente, sin infringir derechos de privacidad.

Abordar el Sesgo en los Algoritmos de Inteligencia Artificial

El sesgo es una de las principales preocupaciones éticas al tratar con datos generados por IA. Debido a que los sistemas de IA se entrenan con datos existentes, a menudo tienden a usar los mismos datos con sus limitaciones y sesgos preexistentes. Es necesario abordar el sesgo de la IA para garantizar la equidad, la inclusión y la falta de prejuicios. Abordar el sesgo en la IA es una responsabilidad para asegurar que los datos generados por la IA sean transparentes, y que se adhieran a pautas adecuadas durante la recolección, el procesamiento y el análisis de datos. Esto llevará a que los humanos confíen más en el sistema y sus resultados, sin tener dudas o preguntas sobre datos ocultos o sesgados.

¿De Qué Manera Está Sesgada la IA?

Los problemas comunes de sesgo en la sociedad que producen los algoritmos de IA, incluyen discriminación racial, sexismo y discriminación por discapacidad. Si se usa la IA para seleccionar candidatos para un empleo, podría seleccionar más hombres que mujeres para trabajos bien pagados. Si se usa por uniones de crédito y bancos, existe la posibilidad de que las personas de color sean rechazadas para préstamos, porque se consideran de alto riesgo o probablemente incapaces de pagar sus deudas. Además, ha habido varios informes sobre las disparidades de la IA al identificar erróneamente a personas, basadas en la raza de manera perjudicial. Por ejemplo, aumentar la probabilidad de que las personas de color sean los principales sospechosos en actividades criminales. A medida que más jóvenes adoptan rápidamente la tecnología, los ancianos suelen quedarse al margen e indefensos, ya que se necesita mucha paciencia para convencerlos de explorar la tecnología hasta que se sientan seguros. Para evitar ser una carga para otros, aquellos que sienten que la IA es demasiado compleja para ellos, a menudo se aíslan socialmente. En lugar de solucionar el problema, al traer más cursos a aquellos que no son expertos en tecnología, la IA aumenta este aislamiento social a medida que las cosas continúan volviéndose más fáciles para la generación más joven y más complicadas para aquellos que son lentos para tomar cualquier acción.

¿Cómo Puede Abordarse el Sesgo?

Transparencia y Explicación

Debe haber transparencia sobre cómo los algoritmos de IA recopilan y analizan datos. Los sistemas de IA también deben revelar sus métodos y estrategias para que puedan ser verificados en cuanto a aseguramiento de calidad y equidad.

Equidad

Las personas deben ser más vigilantes en sus sistemas, para asegurar que los resultados sean justos y libres de problemas de sesgo preexistentes. Las organizaciones también deben ser más flexibles para ajustar sus sistemas si hay signos de inequidad.

Diversificar el Campo de la IA

En lugar de centrarse en la recolección y el procesamiento de datos estrechos, debe haber más inversiones hacia un campo de IA diversificado que utilice una amplia gama de demografía y procedimientos de recolección de datos.

Derechos de Datos de los Usuarios

Siempre que se acceda a datos personales, los individuos deben tener la opción para escoger la forma cómo se usan o comparten sus datos en diferentes plataformas. Esto significa que los datos no deben reciclarse, sino recopilarse de nuevo cada vez que sea necesario. Por ejemplo, las estadísticas de personas de color sin trabajo, no deben usarse para determinar otra investigación basada en números, que involucre a personas de color. Aquellos que poseen datos, también deben tener derechos sobre cómo se distribuyen y usan para evitar reutilizar datos que contienen sesgos para una nueva búsqueda.

Pautas y Procedimientos Adecuados

Debe haber pautas éticas adecuadas, técnicas de auditoría y herramientas que se deben implementar para minimizar sesgos. La Unión Europea (UE), la Comisión Federal de Comercio (FTC), la Comisión de Igualdad de Oportunidades en el Empleo (EEOC), son algunos de los organismos reguladores que tratan activamente el sesgo de la IA. Estas organizaciones centradas en la ética, están asegurando que los sistemas de IA, los desarrolladores y las empresas que utilizan activamente la IA, sean responsables de sus prácticas y uso de la tecnología para el bien de la sociedad.

Nuestro Papel en la Era de la IA

Muchas personas que optan por ignorar los avances tecnológicos, piensan que al no participar, no los están apoyando. Sin embargo, eso equivale a ser un no votante; el hecho de que la gente no elija activamente a su líder, no significa que no estén eligiendo algún bando. En cambio, simplemente están eligiendo que otros tomen decisiones por ellos. Si las personas que están en contra de la tecnología permanecen en silencio y pasivas, eso no detendrá su evolución. En lugar de estar al margen como humanos que no tienen control sobre la evolución y el avance de estas máquinas, es hora de explorar a fondo la asociación entre humanos y máquinas. Creo que saber qué papel desempeñar en esta era, asegurará que los humanos mantengan la ventaja sobre la inteligencia artificial y su futuro impredecible.

Desarrollo y Diseño de Sistemas de IA

Como creadores y usuarios de máquinas de IA, es nuestra responsabilidad asegurarnos de que esta tecnología sirva, en lugar de amenazar a la humanidad. Esto comienza regulando la intención al crear sistemas de IA, y asegurando que se empleen procedimientos adecuados antes de aprobar el desarrollo e introducción de varios sistemas de IA en la sociedad. El rápido crecimiento de la IA requiere personas que entiendan el impacto de la tecnología, abogando por su uso responsable desde el diseño inicial. Los innovadores deben ser responsables de educar a la sociedad sobre sus creaciones. Desde el marco esquelético de los agentes de IA hasta sus actualizaciones previstas, debe haber transparencia en el diseño, función y propósito de un sistema de IA creado. Si los innovadores y los legisladores pueden llegar a un consenso y acordar abiertamente que cada herramienta de IA que ingresa al mercado se puede rastrear hasta su plano original, entonces podemos estar seguros de que vivimos en la era de la IA transparente destinada para el bien.

Usando la Tecnología para Mejorar Nuestras Vidas

En la era en la que la IA está sobrevalorada, es posible que los gobiernos y las organizaciones quieran unirse a la tendencia debido al temor a perderse algo. Sin embargo, es crucial que quienes tienen el poder regulen estos procesos y aseguren que los sistemas de IA estén diseñados para mejorar vidas, y por lo tanto, se ejecuten con ese propósito. Cabe la posibilidad que algunas personas desarrollen estos sistemas por ganancias personales y entretenimiento, sin preocuparse por sus repercusiones. Para reiterar, la IA en manos equivocadas puede ser perjudicial para la sociedad. Por lo tanto, debe haber una hoja de ruta clara y auditorías regulares que indiquen que la IA se está utilizando para mejorar nuestras vidas. Las empresas a la vanguardia de la tecnología, deben proporcionar informes detallados de su uso de la IA y mostrar su progreso en términos de la cantidad de problemas resueltos a través de la IA. Si una organización afirma asistir a la sociedad de alguna manera, debe haber informes adjuntos para respaldar sus afirmaciones, y auditorías regulares para asegurarse de que no haya juego sucio o manipulación de datos. También debe haber regulaciones estrictas para las personas que desarrollan modelos de IA, si no aportan a la solución de problemas del mundo real, y así evitar el uso de la tecnología con motivos ocultos.

Gobernando el Uso de la IA

Debe haber políticas estrictas que rijan el uso de la IA. Sin embargo, la razón detrás de la lenta implementación de procesos regulatorios, es que los gobiernos a menudo van por detrás de los innovadores, dándoles la ventaja del primer movimiento sobre cómo se establecen estas políticas. Los gobiernos y los organismos reguladores, a menudo luchan por mantenerse al día con el rápido desarrollo de las tecnologías de IA. Los innovadores y las empresas tecnológicas pueden moverse rápidamente, creando y desplegando nuevos sistemas de IA, antes de que se puedan establecer regulaciones integrales. Por ejemplo, los vehículos autónomos han estado en las carreteras durante años, antes de que algunos gobiernos hayan desarrollado regulaciones claras para su uso seguro.

Las organizaciones que son pioneras y desarrolladoras de tecnologías de IA, pueden obtener una ventaja competitiva antes de que las regulaciones los alcancen. Pueden influir en la implementación de políticas para alinearlas con sus intereses. Las empresas tecnológicas que crean herramientas de análisis de datos potenciadas por IA, podrían usar los datos de los clientes para obtener ganancias antes de que se promulguen regulaciones de privacidad de datos. Además, los principales desafíos sobre las regulaciones, incluyen la velocidad a la que se desarrollan los sistemas de IA, versus el tiempo en que estos problemas se discuten en los organismos reguladores relevantes. El ritmo al que se desarrollan los sistemas de IA puede superar significativamente el tiempo que lleva a las discusiones regulatorias abordar problemas emergentes. Esta brecha de tiempo puede llevar a preocupaciones éticas y de seguridad no abordadas.

Otro desafío es que la IA es multifacética, lo que hace difícil establecer aquello qué necesita ser regulado sin generalizar. Es imposible descartar las aplicaciones de IA, ya que benefician a diferentes industrias en diferentes niveles. Como se expuso anteriormente, las aplicaciones de IA van desde vehículos autónomos y diagnósticos de atención médica, hasta algoritmos financieros y sistemas de recomendación de contenido, cada uno requiriendo consideraciones regulatorias únicas. Incluso si los legisladores quisieran implementar una prohibición de la IA a nivel industrial, ¿qué pasa con las áreas donde la aplicación de la IA es la mejor solución? ¿Podemos permitirnos pasar por alto todo el bien, cuando prohibimos la tecnología? La pregunta que siempre queda es,

¿cómo lograr un equilibrio entre adoptar innovaciones tecnológicas y proteger a la sociedad?. Lograr el equilibrio adecuado entre fomentar la innovación y garantizar el uso responsable de la IA es un desafío. Las regulaciones excesivamente estrictas pueden sofocar los avances tecnológicos, mientras que las regulaciones laxas, pueden llevar a preocupaciones éticas y de seguridad. Esto requiere defensores neutrales para representar tanto a los innovadores como al público, y de este modo asegurar que haya un equilibrio de intereses comunes.

Además, la IA opera a escala global, y sin embargo, los estándares y enfoques regulatorios pueden variar ampliamente entre países y regiones. La ausencia de un consenso global puede crear desafíos para la cooperación internacional y la armonización de regulaciones. Por ejemplo, las regulaciones de privacidad en la Unión Europea, como el Reglamento General de Protección de Datos (GDPR de la UE), difieren de las de Estados Unidos, creando desafíos de cumplimiento para las empresas tecnológicas multinacionales. Estos desafíos destacan la necesidad de marcos regulatorios proactivos y adaptables que puedan mantenerse al día con los avances de la IA, mientras consideran la naturaleza multifacética de las aplicaciones de la IA. Los legisladores, expertos de la industria y partes interesadas, deben trabajar en colaboración para desarrollar políticas que promuevan la innovación, mientras abordan preocupaciones éticas, de seguridad y sociales, asociadas con la IA.

Protegiéndonos a Nosotros Mismos y a Otros de los Riesgos de la Inteligencia Artificial

Mientras lees este libro, ya te estás informando sobre el impacto de la IA en la sociedad. Tu rol no termina solo beneficiándote de este contenido en tu capacidad personal. ¿Qué hay de quienes te rodean y que son ajenos a esta tecnología? Es tu responsabilidad educarlos para que también conozcan los beneficios y riesgos de la IA. Pueden ser víctimas de violaciones de privacidad de datos u otros sesgos de la IA sin siquiera saberlo. Abrirles los ojos les ayuda a tomar decisiones informadas.

Explora Plataformas de Inteligencia Artificial de Código Abierto con Precaución

Puede ser emocionante registrarse y acceder libremente a herramientas de IA en plataformas de tendencia. Sin embargo, ten cuidado con tu información porque estas plataformas retienen tus datos y los usan para entrenar aún más sus modelos. Empleados de Samsung filtraron accidentalmente información crítica mientras usaban ChatGPT en el trabajo. Un empleado reveló secretos comerciales al verificar el código fuente en busca de errores, mientras que otro compartió una grabación de una reunión para transcribirla en notas para una presentación. Este tipo de información en manos equivocadas es perjudicial para la empresa (Mauran, 2023). Incluso puedes considerar crear cuentas con un alias falso para proteger tu información en estas plataformas.

Sé Selectivo con lo que Compartes en Línea

Muchas personas muestran cada detalle de sus vidas en línea, incluyendo información sensible sobre su familia, ubicación y lo que planean hacer. La IA puede ser utilizada para extraer tus hábitos, creencias y preferencias de la información que compartes. Incluso si las personas no interactúan con tus datos compartidos, no puedes estar seguro de cuántas personas te están monitoreando o qué planean hacer con tu información.

No Guardes tus Detalles de Inicio de Sesión en Plataformas en Línea

Conozco la simplicidad del inicio de sesión con un solo clic en cualquier plataforma en línea que visites frecuentemente; sin embargo, debes evitar guardar tus detalles de inicio de sesión y siempre ingresarlos de nuevo. Los estafadores siempre están buscando cuentas de fácil acceso, así que evita esta vulnerabilidad.

Usa Contraseñas Fuertes

Evita usar contraseñas fácilmente predecibles como cumpleaños o nombres de seres queridos en cualquier perfil en línea. Debes usar contraseñas largas que tengan una combinación de diferentes caracteres y símbolos para una secuencia fuerte. También debes habilitar la autenticación de dos factores o códigos de PIN de un solo uso para duplicar tu seguridad en línea donde sea aplicable.

No Ignores el Potencial Sesgo

Ya hemos establecido que existe sesgo en los algoritmos de IA; por lo tanto, debes estar siempre atento para asegurarte de que se adhieran a estándares adecuados dondequiera que se utilicen tus datos. Es tu responsabilidad asegurarte de que haya equidad con respecto a tus datos, o a los de tus seres queridos, donde sea aplicable. Si solicitaste un trabajo o un préstamo, debes buscar saber cómo va el proceso de solicitud y si la organización exploró suficientes datos antes de dar un resultado.

Garantizando el Uso Responsable de la Inteligencia Artificial

La mayoría de los expertos de la industria que monitorean y exploran la evolución de la IA, a menudo mencionan que la tecnología en sí misma no es tan aterradora o perjudicial para la humanidad. Su mayor temor son aquellos que trabajan tras bambalinas para dar vida a estas máquinas y hacer cosas increíbles. Es primordial que te apegues al uso responsable de la IA, y uses el tiempo que ahorras al delegar tareas aburridas para mejorar tu calidad de vida.

Obtener Consentimiento Informado de los Usuarios

Nadie debería verse usando IA sin entender en qué se están metiendo. Dondequiera que se aplique la IA, las personas deben ser informadas y se les debe permitir dar su consentimiento, en lugar de ser apresuradas para tomar una decisión sin un conocimiento básico. Esto significa que los sistemas de IA deben aplicarse de manera justa en una comunidad que realmente entienda el propósito del uso de la IA y qué procedimientos se han implementado. Si se compartirán los datos de las personas, deben ser informadas y estar de acuerdo con esto. Cualquiera que no dé su consentimiento, también debe ser respetado en lugar de ser maltratado o culpado por frenar el progreso de una organización.

Libertad para Optar o Abstenerse

Independientemente del tamaño de una organización, a los empleados y clientes nunca se les debe obligar a participar en programas potenciados por IA. A las personas se les debe dar la opción de involucrarse, incluso si solo es en una base de prueba, y de salir si sienten que el programa no está alineado con sus valores. Deben poder retirarse libre y fácilmente sin tener que dar explicaciones. Esto significa que aquellos que implementan estos programas no están obligando a nadie a hacer algo con lo que se sientan incómodos.

IA Explicable y Desprovista de Sesgo

Como se destacó brevemente en el capítulo anterior, todo uso aplicable de la IA debe ser explicado y articulado explícita y transparentemente sobre cómo se mitigan los sesgos en los procesos de toma de decisiones. Por ejemplo, si una empresa utilizó algoritmos de IA para tomar decisiones de contratación, debe demostrar que los datos utilizados no contenían sesgos y que hubo inclusividad y equidad.

Transparencia sobre la Privacidad de Datos y la Participación de Terceros

Las organizaciones deben ser transparentes en cómo recopilan y usan la información personal de los individuos. Deben proporcionar medidas detalladas tomadas para proteger los datos almacenados de manera privada. Si comparten datos con terceros, también deben ser transparentes y dar a las personas la opción de aceptar o rechazar estos términos.

Aprendizaje y Capacitación Continuos

A las personas se les debe exponer a un aprendizaje y capacitación continuos en la tecnología, ya que está cambiando rápidamente. No es prudente estancarse con un conocimiento básico de cómo funciona la IA, porque lo que sabemos hoy es diferente de lo que se sabía en el pasado. De manera similar, la información que valoramos hoy puede ser irrelevante en el futuro. Para mantenerse al día con la velocidad del rayo de la evolución de la IA, debe haber clases y programas constantes que mantengan informada a la sociedad.

La Salud y el Bienestar Deben Ser Priorizados

Debe haber chequeos y monitoreo regulares para asegurarse de que el uso continuo de herramientas y programas de IA en lugares de trabajo y otras áreas donde las personas están expuestas, no impacte negativamente la salud y el bienestar de las personas. Es posible que algunos trabajadores se sientan abrumados o estresados mientras se familiarizan con el nuevo sistema. Por lo tanto, la salud y el bienestar deben ser priorizados en todo momento.

El Futuro de la IA

Se espera que se creen más de 133 millones de nuevos empleos relacionados con la IA para el 2030 (Matleena, 2023). Uno de los mayores temores ha sido que la IA reemplace empleos y cree un enorme vacío de desempleo. Sin embargo, también se espera que haya la creación de roles más fascinantes para los humanos dispuestos a permanecer en el juego. A medida que las conversaciones sobre la creciente adaptación de la tecnología de IA continúan dominando las principales plataformas, la pregunta de millones de dólares permanece: ¿Cómo será el futuro de la IA? Problemas de privacidad, regulaciones estrictas, velocidad del cambio y asociaciones humano-IA, son algunos de los problemas actuales que también son futuristas. Algunos expertos están pidiendo una pausa en la innovación de la IA y experimentos de laboratorio para garantizar su seguridad y positividad hacia la humanidad. La velocidad exponencial de revolución y adopción de la IA, exige atención y vigilancia, ya que el futuro parece más cercano de lo que anticipamos.

¿Qué Reserva el Futuro para la Inteligencia Artificial?

La inteligencia artificial ya no está confinada al ámbito de la ciencia ficción; es muy parte de nuestro presente y una parte integral de nuestro futuro. Esta tecnología dinámica no solo está convirtiéndose en algo común; está redefiniendo la forma en que vivimos, trabajamos e interactuamos con el mundo que nos rodea. Y a medida que la IA continúa avanzando a una velocidad vertiginosa, mantiene a todos en vilo, desde entusiastas de la tecnología hasta legisladores y todos los demás. Uno de los aspectos más sorprendentes del futuro de la IA es su expansión y diversificación implacables. A medida que la IA se vuelve cada vez más accesible y sus beneficios se hacen más evidentes, podemos esperar verla ramificarse en plataformas y dominios especializados. Desde la atención médica hasta las finanzas, la educación hasta el entretenimiento, la IA está preparada para revolucionar cada faceta de nuestras vidas. Las posibilidades están limitadas sólo por nuestra imaginación y nuestra capacidad para aprovechar esta tecnología para el bien mayor.

Sin embargo, en medio de la emoción y el optimismo, también hay aprensiones. La noción de IA autoconsciente y máquinas conscientes, se presenta como una posibilidad intrigante, pero algo inquietante. Aunque es un tema de debate, es importante reconocer que todavía estamos lejos de alcanzar este nivel de sofisticación de la IA. Algunos científicos e influencers pueden argumentar que esto se acerca rápidamente; sin embargo, nadie sabe realmente el cronograma o incluso la posibilidad. Entonces, en este punto, esto es actualmente mera especulación y miedo a la incertidumbre que se inculca en las personas. La IA de hoy es más sobre inteligencia estrecha o especializada, sobresaliendo en tareas específicas pero careciendo de la inteligencia general y autoconsciencia asociadas con la conciencia humana. Solo podemos mantenernos atentos a este espacio para ver si este avance futurista ocurre, o permanecer comprometidos en los desarrollos hacia él para que podamos tomar medidas basadas en información verificable.

Además, el futuro de la IA también está estrechamente vinculado a las elecciones de la sociedad. A medida que la IA se vuelva más arraigada en nuestras vidas, es probable que presenciemos una ola continua de adopción masiva. Aquellos que adopten la IA encontrarán soluciones innovadoras, eficiencias mejoradas y nuevas oportunidades. Para ellos, la IA será una fuerza transformadora que los empodera para lograr más. Contrariamente, el surgimiento de la IA también trae preocupaciones, particularmente en cuanto a ética y responsabilidad. Podemos anticipar políticas y regulaciones más estrictas destinadas a garantizar que la IA se desarrolle y utilice de manera responsable. Privacidad, equidad, transparencia y responsabilidad estarán a la vanguardia de estos esfuerzos. Algunos incluso podrían resistirse a la influencia omnipresente de la IA, abogando por regulaciones estrictas o resistiéndose a la integración en sus vidas.

En este paisaje en constante evolución, mantenerse comprometido en el desarrollo futuro de la IA, no es solo aconsejable; es esencial. Es un llamado a la acción para que individuos, organizaciones y sociedades participen activamente en la configuración del futuro impulsado por la IA. Al mantenernos informados, podemos refinar nuestras estrategias, tomar decisiones informadas y garantizar que la IA se alinee con nuestros valores y sirva a los mejores intereses de la humanidad. De esta manera, podemos navegar por el emocionante, pero complejo, viaje hacia la era de la inteligencia artificial.

El Futuro de los Empleos en la Era de la Inteligencia Artificial

Imagina un mundo donde tu colega no sea una persona, sino un bot, analizando datos y procesando números incansablemente sin un atisbo de fatiga. Este es el futuro de los empleos en la era de la IA. Mientras que la IA está eliminando algunos roles tradicionales, también es el arquitecto de una revolución laboral. Argüiblemente, el futuro de los empleos parece más fascinante que aterrador para las personas optimistas que están dispuestas a aceptar un desafío.

Eliminando Algunos Empleos

La IA no se trata solo de automatizar tareas; también se trata de transformar industrias. Empleos como entrada de datos, análisis rutinario de datos, separación de cosas, recolección de frutas, atención de llamadas de servicio al cliente e incluso algunos roles administrativos de servicio al cliente, se volverán obsoletos para los humanos y serán confiados a la IA. La IA puede manejar más del doble de la capacidad, por lo que, eventualmente, las organizaciones se darán cuenta de que reemplazar a los humanos con IA para estos puestos les ahorra tiempo y dinero. Como se mencionó anteriormente, a menos que las personas mejoren sus habilidades, los empleados especializados en estos trabajos automatizables enfrentarán despidos.

Creando Nuevos Empleos en el Proceso

A medida que la IA se hace cargo de las tareas rutinarias, libera a los humanos para asumir nuevos roles. Piensa en entrenadores de IA, ingenieros de prompts, científicos de datos y éticos de IA. Estos son los trabajos de hoy. A medida que la tecnología avanza, mañana podríamos estar explorando nuevas habilidades para mantenernos actualizados y empleables.

Cambiando la Naturaleza del Trabajo

A medida que la IA cambia la naturaleza de nuestro trabajo, también está aumentando la demanda de habilidades en campos de ciencia, tecnología, ingeniería y matemáticas (STEM). De repente, la programación es lo nuevo y la alfabetización de datos es un tema intrigante. Incluso fuera de los campos STEM, casi todos están interesados en saber cómo se puede aplicar la IA en su línea de trabajo. Se acabaron los días en que se consideraba como un campo de estudio para nerds de STEM; ahora, cualquiera, independientemente de su campo de estudio, puede interactuar e integrar la IA en su lugar de trabajo.

El Impacto de la Inteligencia Artificial en la Sociedad

Ahora, hablemos de cómo la IA está sacudiendo los cimientos mismos de nuestra sociedad, desafiando normas y planteando preguntas que nunca antes habíamos enfrentado. Ya hemos visto el impacto positivo de la tecnología en las industrias donde se aplica. Si bien mejorar la eficiencia es uno de los principales beneficios de la IA, hay otras áreas de nuestras vidas donde debemos preocuparnos por cómo la IA las afecta.

Cambiando la Forma en Que Interactuamos Entre Nosotros

Gracias a la IA, chateamos con bots como si fueran viejos amigos. Ya no tenemos que hacer largas colas para ser atendidos en administración, ya que la mayoría de las organizaciones integran la IA en sus sistemas y plataformas en línea. Sin embargo, esto no se trata solo de chatbots, sino también de redefinir cómo nos comunicamos tanto con humanos como con máquinas. Ahora sabemos que tenemos que introducir un prompt claro para obtener la mejor salida. Si podemos hacer esto en nuestra comunicación con máquinas, ¿cuánto mejoraría esto nuestras relaciones humanas? La IA está cambiando la forma en que nos comunicamos, debemos tener cuidado de asegurarnos de que mientras mejoramos las relaciones humano-máquina, nuestras relaciones humano-humano no se descuiden sino que reciban más atención a medida que la IA libera parte de nuestro tiempo.

Desafiando Nuestras Creencias

La IA está lanzando curvas a nuestras creencias. Puede predecir nuestras preferencias; a veces, incluso mejor de lo que nos conocemos nosotros mismos. Con los medios sintéticos dominando nuestras fuentes de información, haciéndonos cuestionar lo que creemos saber, pronto la verdad se volverá borrosa. Aunque estamos más curiosos por saber y explorar las cosas que antes se consideraban humanamente imposibles, los deepfakes desafiarán nuestras creencias a medida que encontremos verdades distorsionadas o noticias falsas sobre creencias y valores que sostenemos con alta estima.

Redefiniendo Nuestros Valores

La IA puede discernir patrones en datos que los humanos no pueden, y pasar menos tiempo tomando decisiones, mientras que los humanos usualmente reflexionan sobre la información y la ven desde diferentes ángulos antes de tomar decisiones apresuradas. Esto significa que la IA está desafiando nuestros valores y ética, empujándonos a reconsiderar cómo tomamos decisiones. La velocidad con la que se tomarán las decisiones será rápida, afectando los valores actuales de verificar datos y asegurarse de que no sean perjudiciales para la sociedad. Algunas personas incluso podrían valorar la cantidad de trabajo realizado, por encima de la calidad del mismo, en pro de ser excesivamente eficientes.

Creando Nuevas Normas Sociales

¿Recuerdas cuando hablar con tu teléfono en manos libres en público parecía extraño? Ahora, es normal. La IA está dando forma a nuevas normas sociales, y es solo el comienzo. Algunas reuniones para informes podrían no ser necesarias en el futuro, a medida que la comunicación se vuelva más automatizada. Esto reducirá la interacción humana y aumentará la cantidad de tiempo que las personas pasan conectándose con máquinas en lugar de relacionarse entre ellas. El aumento de robots sociales es un ejemplo evidente de que las personas encontrarán compañeros en máquinas, disminuyendo la calidad de las amistades y las relaciones humanas.

¿Dónde Te Deja Eso?

En los dominios de un futuro impredecible de la IA, ¿qué puedes hacer para mantenerte a la vanguardia? Bueno, tal vez no estés interesado en ocupar un lugar en primera fila a medida que avanza la tecnología. Sin embargo, es posible que desees permanecer comprometido porque, a la velocidad a la que evoluciona la IA, podrías despertar y encontrarte muy rezagado, y convertir en una lucha la posibilidad encontrar un papel relevante que desempeñar en la sociedad. Por eso debes conocer al menos un poco cómo van los desarrollos, así como el progreso regulatorio.

Integrando la Inteligencia Artificial en tu Vida Cotidiana

Usando desde ahora tu asistente personal digital, hasta controlar tu hogar inteligente, indica que estás al mando de la integración de la IA en la vida diaria. Comienza pequeño, ponte cómodo y deja que la IA sea tu asistente mientras exploras sus profundidades. Cuanto más te diviertas explorando nuevas características, más fácil será integrar aplicaciones de IA más complejas cuando sea necesario.

Decidiendo Cuánta Información Personal Compartir

Ya has aprendido que a la IA le encantan y se desarrolla con los datos. Por lo tanto, debes decidir cuánto quieres compartir de ahora en adelante. Sé cauteloso, protege tu privacidad y comprende los compromisos. Siempre estás regalando algo cuanto más compartes tus datos en plataformas de IA. Sé vigilante y restrictivo para saber cuándo has compartido lo suficiente para realizar tus tareas deseadas, mientras te proteges a ti mismo.

Siendo el Usuario Responsable de la Inteligencia Artificial

En esta era de la IA, estar informado y comprometido es tu superpoder. No te quedes al margen y dejes que otras personas decidan por ti. Mantente al tanto de los desarrollos de la IA y mejora tus habilidades cuando sea necesario. Permanece curioso e integrate al paisaje en constante cambio. Protege a tus seres queridos asegurándote de que también conozcan las formas responsables de usar la IA mientras protegen su privacidad.

Abogando por Prácticas Éticas de Inteligencia Artificial

Como discutimos anteriormente, tienes un papel que desempeñar para asegurar que se empleen prácticas adecuadas, a medida que adoptamos la tecnología. Por lo tanto, debes considerar unirte al movimiento por una IA responsable y ética. Sé parte de organizaciones que promueven el desarrollo de la IA con valores humanos en su núcleo. Tu voz importa en dar forma al futuro de la IA. También puedes encontrar organizaciones legítimas para contribuir con ellas, si es que estás en posición de apoyar financieramente misiones éticas para mantener este espacio seguro.

Monitorear la Involucración de tu Familia con la Inteligencia Artificial

Así como es importante limitar el tiempo que tus hijos pasan en dispositivos digitales, es tu responsabilidad asegurarte de mantener una unidad familiar que se conecte entre sí. Incluso si usas la IA para automatizar algunas de las tareas dentro de tu hogar, debes asegurarte de que tu familia todavía dedique tiempo para participar activamente en actividades manuales y conexiones físicas. Esto también contribuirá a excelentes prácticas de salud, en lugar de crear miembros de la familia perezosos que presionen un botón cada vez que una tarea los espera. Además, también debes monitorear que tus hijos combinen prácticas de aprendizaje natural que mejoren su capacidad de pensamiento, en lugar de depender únicamente de materiales de estudio automatizados y mejorados.

Conclusión

Eso fue un rápido viaje al espacio tecnológico, ¿verdad? Desde explorar el significado de la inteligencia artificial, hasta desmitificar todo el argot técnico para hacer de esto una lectura interesante y atractiva, así como examinar las aplicaciones de la IA y tu papel en este tema evolutivo, me encantó embarcarme en este viaje junto a ti. Gracias por dedicar tu tiempo a navegar por el mundo transformacional de la IA, en lugar de observar cómo nuestro mundo se enreda en escenarios desconocidos que solo se sentirán más extraños mientras cambian justo frente a nuestros ojos. Ya te has dado cuenta de que no hay forma de detener este avance tecnológico, ya que más personas están abriéndose a la idea, adoptando las aplicaciones e invirtiendo en innovaciones para expandir el panorama de la IA. Estar aquí, absorbiendo esta información, es lo mejor que puedes hacer para mantenerte comprometido e iluminado sobre nuestro mundo actual y lo que potencialmente podría ser.

Para recapitular, comencé explicando el concepto de IA en términos simples como el entrenamiento de computadoras y máquinas para poder pensar, aprender, entender y explorar datos de manera similar a cómo los humanos aprenden, interpretan e interactúan con la información. Desde su inicio, las máquinas fueron diseñadas para parecerse a nuestras capacidades cognitivas de analizar datos para encontrar significado y comprensión, así como ser capaces de usar esa información en el futuro. Hablé sobre la estructura de las redes neuronales inspirada en la disposición del cerebro humano para transmitir información. Como componentes del aprendizaje profundo, que es un subconjunto del aprendizaje automático y la IA, las redes neuronales están diseñadas para aprender y hacer predicciones basadas en los datos con los que han sido entrenadas para resolver problemas complejos. Todos estos subcampos de la IA, muestran la habilidad de leer y reconocer datos de la misma manera que los humanos identifican imágenes, escuchan sonidos y reconocen patrones para usar esa información la próxima vez que interactuemos con esos datos o encontremos nueva información. Estos avances precedieron a lo que más tarde vimos bajo las increíbles aplicaciones de la IA en varios sectores como la atención médica, la industria financiera, la educación mejorada, las artes y el entretenimiento, la movilidad y el transporte, así como la ciberseguridad.

Además, viajamos en el tiempo al pasado para presenciar el viaje evolutivo de cómo se concibió la IA. Desde programar máquinas para resolver problemas matemáticos complejos, jugar al ajedrez y traducir idiomas, la evolución de la IA ha sido una montaña rusa llena de altibajos. Después de acuñar el término "inteligencia artificial" en la década de 1950 en la conferencia del Dartmouth College, se invirtió más investigación y financiación en este campo de estudio, con pioneros descubriendo algunos conceptos interesantes en el proceso. Ha habido un crecimiento fenomenal en sistemas expertos, procesamiento de lenguaje natural, aprendizaje automático, redes neuronales y la capacidad de las máquinas para reconocer el habla y avanzar visualmente. Sin embargo, el desarrollo principal en la IA se presenció en robótica, ya que los cuerpos artificiales evolucionaron desde tener movilidad básica hasta ser capaces de llevar a cabo tareas como, mover elementos de un lugar a otro y ensamblar cosas. La robótica también hizo noticia cuando los robots humanoides no solo mostraron funciones de movilidad, sino también inteligencia similar a la humana en el procesamiento de información, razonamiento y transmisión de datos. Aunque hubo un invierno de la IA —un período en que la gente llamó al fin del concepto, y las innovaciones se detuvieron—, el aumento sucesivo de la tecnología creció exponencialmente hasta el día de hoy, donde ni siquiera parece que estemos en control total de hacia dónde se dirige.

Indudablemente, ha sido interesante ver el avance de la IA, aunque parecía bastante complejo desde fuera. Sin embargo, desde la locura actual que se puede atribuir a la IA generativa y al acceso gratuito a los hijos cerebrales de OpenAI, GPT y DALL-E, la mayoría de las personas vieron la necesidad de adoptar un enfoque más práctico y aprender haciendo. Mientras algunos líderes de la industria tecnológica intentaban advertirnos sobre las implicaciones negativas de la IA, si no se maneja bien, no muchas personas prestaron atención en ese momento porque el tema estaba más allá de su comprensión. Además, algunas personas también pensaron que al no hacer nada, estaban exentos de los efectos de la IA, sin darse cuenta de que podrían estar directamente implicados, incluso si no eran conscientes. La educación en torno a la ética de la IA es uno de los componentes más innovadores para hacer que este espacio tecnológico sea seguro para todos nosotros. Abordar el sesgo del algoritmo de la IA, la inequidad, la violación de la privacidad de los datos, la falta de transparencia, la inminente alta tasa de desempleo como resultado de la sustitución de empleos humanos por la IA, debería ser una preocupación para todos. Es necesario un compromiso activo por parte de los legisladores y el público para asegurarse de que las aplicaciones de la IA estén estrictamente dirigidas a mejorar la calidad de vida de los humanos, en lugar de amenazarla.

Mi propósito principal con "Inteligencia Artificial Sobrepasando Límites, ¿Vale la Pena?", no era darte un arsenal de herramientas para entender este espacio tecnológico y luego cruzarte de brazos y no hacer nada. Es una invitación a ser un partícipe responsable de la IA, que tiene un entendimiento básico de lo que implica. Has visto que, desde el punto de vista de los expertos, el futuro parece aterrador, no porque las máquinas parezcan peligrosas, sino porque la IA en manos equivocadas es una bomba de tiempo que podría explotar ante nosotros. Mi invitación es que te mantengas informado y activo a medida que esta tecnología avanza rápidamente, para que puedas estar en posición de abogar por aplicaciones éticas y responsables de la IA para el bien de la humanidad. Juntos, podemos crear un firme muro de protección, incluso si vemos a algunos de los desarrolladores usar la tecnología para hacer daño. Aseguremos de que nuestros seres queridos también estén conscientes de este enorme concepto y esperemos que puedan apoyar la defensa de su mejora responsable en la sociedad.

En resumen, después de repasar todo lo contenido en este libro, la responsabilidad queda en tus manos, querido lector, sobre qué harás con esta información. Mi trabajo fue acercar el tema en un lenguaje natural que ambos entendemos, en lugar de tratar de influir en tu decisión con información sesgada. Creo que este libro se adentró tanto en los emocionantes y grandes beneficios, como en los riesgos escalofriantes y desventajas de la IA para que ponderemos, qué podemos mejorar y qué restar en el futuro. Si has encontrado este libro tan útil como pretendía, agradeceré mucho que dejes una reseña en Amazon para que más personas estén expuestas a esta información. Al hacerlo, habrás comenzado el trabajo conjunto positivo para hacer que este espacio tecnológico sea seguro para el futuro de la humanidad.

Glosario

Algoritmo: Un procedimiento paso a paso para resolver un problema.

Aprendizaje Automático (ML): Un campo de la IA que permite a las computadoras aprender sin ser programadas explícitamente. Los algoritmos de ML aprenden de los datos y son capaces de mejorar su rendimiento con el tiempo.

Aprendizaje No Supervisado: Un tipo de aprendizaje automático en el que los datos de entrenamiento solo incluyen la entrada. El sistema de IA aprende de estos datos para encontrar patrones y relaciones en los datos.

Aprendizaje por Refuerzo (RL): Un tipo de aprendizaje automático en el que un agente de IA aprende a comportarse en un entorno mediante prueba y error. El agente recibe recompensas por tomar acciones que conducen a resultados deseados y penalizaciones por tomar acciones que conducen a resultados no deseados. Con el tiempo, el agente aprende a tomar acciones que maximizan sus recompensas.

Aprendizaje Profundo: Un tipo de aprendizaje automático que usa redes neuronales artificiales para aprender de los datos. El aprendizaje profundo se usa en muchos sistemas de IA, como el reconocimiento de imágenes y el procesamiento del lenguaje natural.

Big Data: Grandes cantidades de datos que son difíciles de procesar utilizando métodos tradicionales. Big data puede usarse para entrenar sistemas de IA y hacer predicciones.

Blockchain: Una tecnología que se puede usar para registrar transacciones de manera segura y transparente.

Chatbots: Programas informáticos que pueden simular conversación con humanos. Los chatbots pueden usarse para atención al cliente, educación y entretenimiento.

Ciberseguridad: La práctica de proteger sistemas y redes informáticas de ataques.

Computación en la Nube: La entrega de servicios informáticos a través de internet. La computación en la nube se puede usar para entrenar y desplegar sistemas de IA.

Criptomonedas: Tokens digitales o virtuales que usan criptografía para asegurar sus transacciones y controlar la creación de nuevas unidades. Las criptomonedas son descentralizadas, lo que significa que no están sujetas al control de gobiernos o instituciones financieras.

Datos de Entrenamiento: Los datos que se usan para entrenar un sistema de IA, pueden ser etiquetados o no etiquetados. Los datos de entrenamiento etiquetados incluyen tanto la entrada como la salida deseada, mientras que los datos de entrenamiento no etiquetados solo incluyen la entrada.

Deepfakes: Medios sintéticos en los que una persona en una imagen o video existente es reemplazada con la apariencia de otra persona. Los deepfakes pueden usarse para crear videos de noticias falsas o suplantar personas.

Ética: Los principios morales que rigen nuestro comportamiento. La ética es importante para el desarrollo y uso de sistemas de IA.

Explicabilidad: La capacidad de explicar cómo un sistema de IA toma decisiones. La explicabilidad es importante para generar confianza en los sistemas de IA.

Humanoide: Un robot diseñado para parecerse a un ser humano. Los robots humanoides se usan en una variedad de aplicaciones, como la fabricación y la atención médica.

Ingeniería de Prompts: El proceso de diseñar prompts para sistemas de IA generativos. La ingeniería de prompts es importante para generar contenido relevante y de alta calidad.

Inteligencia Artificial Estrecha (ANI): Un tipo de IA enfocado en una tarea única o un conjunto de tareas, como jugar ajedrez o identificar objetos en imágenes.

Inteligencia Artificial General (AGI): Un tipo hipotético de IA que sería tan inteligente como un ser humano y sería capaz de comprender y realizar cualquier tarea que un humano puede.

Inteligencia Artificial Generativa (GAN): Un tipo de IA que puede crear contenido nuevo, como imágenes y texto. Las GANs se usan en muchas aplicaciones de IA, como la generación de arte y la traducción de máquinas.

Inteligencia Artificial Integrada (Embedded AI): IA que está integrada en dispositivos, como teléfonos inteligentes y automóviles.

La IA integrada se puede usar para mejorar el rendimiento y la funcionalidad de los dispositivos.

Inteligencia Artificial Superinteligente (ASI): Un tipo hipotético de IA que tendría un nivel de inteligencia mucho mayor que el de un human, capaz de resolver problemas actualmente intratables por nosotros.

Inteligencia Artificial Autoconsciente (SAI): Un tipo hipotético de IA que sería consciente de su propia existencia y sería capaz de pensar y razonar como un ser humano. La SAI es un tema de mucho debate y especulación, y no está claro si alguna vez será posible crear SAI.

Internet de las Cosas (IoT): Una red de dispositivos físicos conectados a internet que pueden recopilar e intercambiar datos. El IoT se usa en una amplia gama de aplicaciones, como casas inteligentes y automatización industrial.

Neuronas: La unidad básica de una red neuronal. Las neuronas están conectadas entre sí y procesan información de manera similar a las neuronas humanas.

Pesos: En las redes neuronales, los pesos son valores numéricos que se asignan a las conexiones entre neuronas. Los pesos determinan cuánta influencia tiene una neurona sobre otra. Los pesos se ajustan durante el entrenamiento para mejorar el rendimiento de la red neuronal.

Potencia Computacional: La capacidad de una computadora para realizar cálculos. La potencia computacional es importante para entrenar y desplegar sistemas de IA.

Procesamiento del Lenguaje Natural (NLP): Un campo de la IA que trata sobre la interacción entre computadoras y lenguajes humanos (naturales). Los algoritmos de NLP se usan en tareas como la traducción y el reconocimiento de voz.

Prompt: Un fragmento de texto que se usa para guiar la salida de un sistema de IA generativo. Los prompts se pueden usar para generar texto, imágenes y otros tipos de contenido nuevo.

Realidad Aumentada (AR): Una tecnología que superpone información digital en el mundo real. AR puede usarse para juegos, navegación y educación.

Realidad Virtual (VR): Una experiencia simulada que puede ser similar o completamente diferente del mundo real. La VR se crea utilizando software informático y generalmente se experimenta a través de un casco o gafas.

Redes Neuronales: Un tipo de algoritmo de IA inspirado en la estructura y función del cerebro humano. Las redes neuronales se usan en muchas aplicaciones de IA, como el reconocimiento de imágenes y el procesamiento del lenguaje natural.

Redes Neuronales Convolucionales (CNNs): Un tipo de red neuronal que está bien adaptada para tareas de reconocimiento de imágenes. Las CNNs se usan en muchos sistemas de IA, como el reconocimiento facial y los coches autónomos.

Robótica: El campo de la ingeniería que trata sobre el diseño, construcción, operación y aplicación de robots. Los robots son máquinas programadas para realizar tareas automáticamente.

Sesgo: Un prejuicio que puede sesgar los resultados de un sistema de IA. El sesgo puede introducirse en los sistemas de IA durante el proceso de entrenamiento, cuando los datos en los que se entrena el sistema están sesgados.

Singularidad: Un punto hipotético en el tiempo en el que el crecimiento tecnológico se vuelve incontrolable e irreversible, resultando en cambios imprevisibles en la civilización humana. La singularidad a menudo se asocia con el desarrollo de ASI, pero es posible que otros avances tecnológicos también puedan llevar a la singularidad.

Teoría de la Mente en Inteligencia Artificial: La capacidad de entender que otras personas tienen sus propios pensamientos, sentimientos y creencias y que estos pueden ser diferentes de los nuestros. La teoría de la mente en IA es una habilidad percibida de la IA para interactuar con humanos en un contexto social.

Visión Computarizada: Un campo de la IA que trata sobre el reconocimiento e interpretación de imágenes y videos.

Aprendizaje Supervisado: Un tipo de aprendizaje automático en el que los datos de entrenamiento incluyen tanto la entrada como la salida deseada. El sistema de IA aprende de estos datos para predecir la salida para nuevas entradas.

Referencias

Aggarwal, A. (2018, February 13). *The birth of AI and the first AI hype cycle*. KDnuggets. https://www.kdnuggets.com/2018/02/birth-ai-first-hype-cycle.html

AI Uncovered. (2023a, June 21). *How powerful will AI be in 2030?* [Video] YouTube. https://www.youtube.com/watch?v=XKMvk5hWDfo

AI Uncovered. (2023b, July 13). *The 6 stages of AI (beyond singularity).* [Video] YouTube. https://www.youtube.com/watch?v=I0P2ZREqopo

AI Uncovered. (2023c, July 21). *The 5 types of AI* [Video]. YouTube. https://www.youtube.com/watch?v=oBN8EYiQleY

AI Uncovered. (2023d, July 23). *10 things they're not telling you about the new AI* [Video]. YouTube. https://www.youtube.com/watch?v=qxbpTyeDZp0

AI Uncovered. (2023e, September 3). *AI is changing education forever* [Video]. YouTube. https://www.youtube.com/watch?v=M6nPmytC99Y

AI Uncovered. (2023f). *The 7 stages of AI* [Video]. YouTube. https://www.youtube.com/watch?v=PG8vu0i5juY

Ajao, E. (2023, March 30). *The call for an AI pause points to a major concern.* Enterprise AI; TechTarget. https://www.techtarget.com/searchenterpriseai/news/3655 34127/The-call-for-an-AI-pause-points-to-a-major-concern

Al Jazeera English. (2023, August 19). *Robot Sophia: "Not a thing" could stop a robot takeover | Talk to Al Jazeera* [Video]. YouTube. https://www.youtube.com/watch?v=bJjXq6Pj0_c

Anderson, J. (2022). *AI, man & God | Prof. John Lennox* [Video]. YouTube. https://www.youtube.com/watch?v=17bzl WIGH3g

Arkenberg, C. (2023, June 29). *Generative AI is already disrupting media and entertainment.* Deloitte Insights. https://www2.deloitte.com/us/en/insights/industry/tec hnology/generative-ai-tools-media-entertainment.html

AV Content Team. (2023, April 21). *This is how experts predict the future of AI.* Analytics Vidhya. https://www.analyticsvidhya. com/blog/2023/04/future-of-ai/

Bachinskiy, A. (2019, February 21). *The growing impact of AI in financial services: Six examples.* Medium; Towards Data Science. https://towardsdatascience.com/the-growing-impact-of-ai -in-financial-services-six-examples-da386c0301b2

BBC News. (2023, April 21). *AI: What is the future of artificial intelligence? - BBC News* [Video]. YouTube. https://www.youtu be.com/watch?v=LK5j3pp0Too

Bennett, M. (2023, May 25). *The future of AI: What to expect in the next 5 years.* Enterprise

AI. https://www.techtarget.com/searchenterpriseai/tip/The-fut ure-of-AI-What-to-expect-in-the-next-5-years

Best, M., & Rao, A. (2022, January 18). *Understanding algorithmic bias and how to build trust in AI.* PwC. https://www.pwc.com/us/en/tech-effect/ai-analytics/algo rithmic-bias-and-trust-in-ai.html

Betz, S., & Whitfield, B. (2023, March 23). *7 types of artificial intelligence.* Built In. https://builtin.com/artificial-intelligence/t ypes-of-artificial-intelligence

Biswal, A. (2023, August 21). *Top 18 artificial intelligence applications in 2023.* Simplilearn. https://www.simplilearn.com/tutorials/artificial-intelli gence-tutorial/artificial-intelligence-applications

BootstrapLabs. (2017). *A brief history of artificial intelligence* [Video]. YouTube. https://www.youtube.com/watch?v=056v4O xKwlI

Buchholz, K. (2023, January 24). *Infographic: ChatGPT sprints to one million users.* Statista Infographics. https://www.statista.c om/chart/29174/time-to-one-million-users/

Burns, E. (2022). *What is artificial intelligence (AI)?* TechTarget. https://www.techtarget.com/searchenterpriseai/definition/ AI-Artificial-Intelligence

Bycloud. (2022). *A brief history of the entire AI field, I guess* [Video]. YouTube. https://www.youtube.com/watch?v=b9chqJ 2TgzA

Carlie. (2023, August 30). *AI in education: The advantages and disadvantages*. Instrucko. https://www.instrucko.com/blogs/the-advantages-and-disadvantages-of-ai-in-education

Center for Humane Technology. (2023, April 5). *The A.I. dilemma - March 9, 2023* [Video]. YouTube. https://www.youtube.com/watch?v=xoVJKj8lcNQ

Coogan, J. (2022). The epic history of artificial intelligence [Video]. In *YouTube*. https://www.youtube.com/watch?v=jekwHBI1ySU

Crouch, G. (2023, April 20). *What's behind the A.I. hype really?* Medium. https://gilescrouch.medium.com/whats-behind-the-a-i-hype-really-e5a72a97c318

Daffer, B. (2023, May 25). *Ethics, trust, and explainability in artificial intelligence (AI)*. MoreThanDigital. https://morethandigital.info/en/ethics-trust-and-explainability-in-artificial-intelligence-ai/

Dartmouth. (2006). *Artificial intelligence (AI) coined at Dartmouth*. https://home.dartmouth.edu/about/artificial-intelligence-ai-coined-dartmouth

Dawkins, J. O. (2023, January 10). *AI, cannabis, and health food are among the 9 industries with promise for business owners this year*. Business Insider. https://www.businessinsider.com/fastest-growing-industries-for-business-ai-ecommerce-supply-chain-2023-1

Diamandis, P. H. (2023, June 29). *Why AI matters and how to deal with the coming change w/ Emad Mostaque | EP #52*. [Video] YouTube. https://www.youtube.com/watch?v=ciX_iFGyS0M

Digital Adoption Team. (2023, February 9). *NLP, OCR, image recognition, and other key AI definitions*. Digital Adoption. https://www.digital-adoption.com/ocr-image/

Digital Engine. (2023, September 11). *This intense AI anger is exactly what experts warned of, with Elon Musk*. [Video] YouTube. https://www.youtube.com/watch?v=b2bdGEqPmCI

Dr. Alex Young. (2023, April 16). *The top 10 best AI studying tools 2023* [Video]. YouTube. https://www.youtube.com/watch?v=DfEDCwWPl30

Duggal, N. (2023a, August 11). *Top 10 artificial intelligence technologies in 2022*. Simplilearn. https://www.simplilearn.com/top-artificial-intelligence-technologies-article

Duggal, N. (2023b, August 21). *Future of artificial intelligence: What tomorrow might look like*. Simplilearn. https://www.simplilearn.com/future-of-artificial-intelligence-article

Editorial Team. (2023, August 17). *Explained: What the hell is deep learning ?* Techovedas. https://techovedas.com/explained-what-the-hell-is-deep-learning/

Expert Panel®. (2021, June 14). *Council post: 14 ways AI could become a detriment to society*. Forbes. https://www.forbes.com/sites/forbestechcouncil/2021/06/14/14-ways-ai-could-become-a-detriment-to-society/?sh=21bfdc2b27fe

Fallon, J. (2017). *Tonight Showbotics: Jimmy meets Sophia the human-like robot* [Video]. YouTube. https://www.youtube.com/watch?v=Bg_tJvCA8zw

Gadzhi, I. (2023, August 15). *These 7 AI tools will make you rich* [Video]. YouTube. https://www.youtube.com/watch?v=-qReeg 7imGc

Gillis, A. S. (2023, June). *What is responsible AI? Guidance and best practices*. SearchEnterpriseAI. https://www.techtarget.com/ searchenterpriseai/definition/responsible-AI

Global Data Thematic Intelligence. (2023, April 18). *Generative AI: The reason behind the hype*. Verdict. https://www.verdict .co.uk/generative-ai-vested-interests/

Glover, E. (2023, February 7). *5 AI trends to watch in 2023*. Built In. https://builtin.com/artificial-intelligence/ai-trends-2023

Grand View Research. (2022). *Artificial intelligence market size, share | AI industry report, 2025*. https://www.grandviewresearch .com/industry-analysis/artificial-intelligence-ai-market

Griffiths, E. (2023, February 13). *Stars who had to retire from acting careers due to illness*. HEL-LO! https://www.hellomagazine.com/healthandbeauty/health -and-fitness/20230213164244/stars-retired-from-acting-illness/

Harari , Y. N. (2023, May 14). *AI and the future of humanity | Yuval Noah Harari at the Frontiers Forum* [Video]. YouTube. https://www.youtube.com/watch?v=LWiM-LuRe6w

Hitachi Systems Security. (n.d.). *Can AI, ethics, and privacy work in harmony?* Hitachi. https://hitachi-systems-security.com /can-ai-ethics-and-privacy-work-in-harmony/

Hiter, S. (2023, July 12). *Top 6 AI trends 2023*. EWEEK. http s://www.eweek.com/artificial-intelligence/ai-trends/

Howarth, J. (2023, August 14). *57+ amazing artificial intelligence statistics (2023)*. Exploding Topics. https://explodingtopics.com/blog/ai-statistics

IBM Data , & AI Team. (2023, July 6). *AI vs. Machine Learning vs. Deep Learning vs. Neural Networks: What's the difference?* IBM Blog. https://www.ibm.com/blog/ai-vs-machine-learning-vs-deep-learning-vs-neural-networks/

IBM Technology. (2021a). *What is AI ethics?* [Video]. *YouTube.* https://www.youtube.com/watch?v=aGwYtUzMQUk

IBM Technology. (2021b, August 11). *What is NLP (natural language processing)?* [Video] YouTube. https://www.youtube.com/watch?v=fLvJ8VdHLA0

IBM Technology. (2023a, April 10). *AI vs Machine Learning* [Video]. YouTube. https://www.youtube.com/watch?v=4RixMPF4xis

IBM Technology. (2023b, August 4). *How to add AI to your apps faster with embedded AI* [Video]. YouTube. https://www.youtube.com/watch?v=OThahaOga20

Karijan, R. (2023, August 16). *The history of artificial intelligence: Complete AI timeline*. Enterprise AI. https://www.techtarget.com/searchenterpriseai/tip/The-history-of-artificial-intelligence-Complete-AI-timeline

Kerry, C. (2020, February 10). *Protecting privacy in an AI-driven world*. Brookings. https://www.brookings.edu/articles/protecting-privacy-in-an-ai-driven-world/

Kumar, S. (2019, November 25). *Advantages and disadvantages of artificial intelligence*. Medium; Towards Data Sci-

ence. https://towardsdatascience.com/advantages-and-disadvan
tages-of-artificial-intelligence-182a5ef6588c

Kurkina, I. (2023, August 17). *12 best AI project management
software tools*. Academy SMART. https://academysmart.com/12
-best-ai-project-management-software-tools/

Latinne, P. (2023, June 13). *How AI can drive productivity and value in the financial sector*. Ernst & Young
(EY). https://www.ey.com/en_be/digital-transformation/how-ai
-can-drive-productivity-and-value-in-the-financial-sector

Lutkevich, B. (2023, June 27). *Artificial intelligence glossary:
60+ terms to know*. WhatIs.com? https://www.techtarget.com/w
hatis/feature/Artificial-intelligence-glossary-60-terms-to-know

Manyika, J., Silberg, J., & Presten, B. (2019, October 25). *What
do we do about the biases in AI?* Harvard Business Review. https:
//hbr.org/2019/10/what-do-we-do-about-the-biases-in-ai

Marr, B. (2023, April 12). *The 5 biggest artificial intelligence
(AI) trends in 2023* [Video]. YouTube. https://www.youtube.co
m/watch?v=grmudb9FQpI

Matleena, S. (2023, August 31). *28 AI statistics and trends in
2023*. Hostinger Tutorials. https://www.hostinger.com/tutorial
s/ai-statistics

Matson, M. (2023, July 14). *Llm Data: Tech terms explained
| blog*. Player Zero. https://www.playerzero.ai/advanced/tech-ter
ms-explained/llm-data-tech-terms-explained

Mauran, C. (2023, April 6). *Whoops, Samsung workers acciden-
tally leaked trade secrets via ChatGPT*. Mashable. https://masha
ble.com/article/samsung-chatgpt-leak-details

McKinsey. (n.d.). *Workplace automation and future jobs*. McKinsey & Company. https://www.mckinsey.com/featured-insights/artificial-intelligence/five-fifty-fear-fear-not

Melanoma Research Alliance. (2022, November 15). *Artificial intelligence & melanoma detection: Closing the gaps*. https://www.curemelanoma.org/blog/article/artificial-intelligence-and-melanoma-detection-closing-the-gaps

Musienko, Y. (2023, June 1). *Biggest artificial intelligence (AI) trends in 2023*. Merehead. https://merehead.com/blog/artificial-intelligence-2023/

Mylett, E. (2023, August 8). *Is artificial intelligence our "Oppenheimer Moment"? Mo Gawdat's warning to the world* [Video]. YouTube. https://www.youtube.com/watch?v=Ae4o92F4tVM

NASA. (2019). *NASA's Spirit and Opportunity Mars Rovers*. https://mars.nasa.gov/mer/

NASA Jet Propulsion Laboratory. (2022, March 15). *NASA's Mars Rovers Are On the Move and Bringing the Public Along (NASA Mars Report March 15, 2022)* [Video]. YouTube. https://www.youtube.com/watch?v=8wiOJsKdz04

Nazer, L., Zatarah, R., Waldrip, S., Xue Chen Ke, J., Moukheiber, M., Khanna, A. K., Hicklen, R. S., Moukheiber, L., Moukheiber, D., Ma, H., & Mathur, P. (2023). Bias in artificial intelligence algorithms and recommendations for mitigation. *National Library of Medicine, 2*(6), e0000278–e0000278. https://doi.org/10.1371/journal.pdig.0000278

Pattam, A. (2021, June 7). *7 ethical issues with AI that you should know about* [Video]. YouTube. https://www.youtube.com/watch?v=KyB7NSWEODE

Payne, L. (2023, September 5). *Deepfake | history & facts*. Britannica. https://www.britannica.com/technology/deepfake

Perri, L. (2023, August 17). *What's new in artificial intelligence from the 2023 Gartner Hype Cycle*TM. Gartner. https://www.gartner.com/en/articles/what-s-new-in-artificial-intelligence-from-the-2023-gartner-hype-cycle

Petersson, D. (2023, June 21). *AI vs. machine learning vs. deep learning: Key differences*. Enterprise AI. https://www.techtarget.com/searchenterpriseai/tip/AI-vs-machine-learning-vs-deep-learning-Key-differences

Pramoditha, R. (2022, March 21). *The relationship between AI, ML, NNs and DL*. Data Science 365. https://medium.com/data-science-365/the-relationship-between-ai-ml-nns-and-dl-60bd40069908

Rahulkwh. (2023, April 18). *10 best AI tools to boost productivity in 2023*. GeeksforGeeks. https://www.geeksforgeeks.org/10-best-ai-tools-to-boost-productivity/

RisingMax. (2023, September 4). *How much does it cost to build artificial intelligence in 2023*. https://risingmax.com/blog/how-much-does-artificial-intelligence-cost

Robbins, T. (2020). *Meet Sophia, world's first AI humanoid robot | Tony Robbins* [Video]. YouTube. https://www.youtube.com/watch?v=Sq36J9pNaEo

Sajid, H. (n.d.). *AI in robotics: 6 groundbreaking applications.* V7labs. https://www.v7labs.com/blog/ai-in-robotics

Sajid, H. (2023, April 1). *AI in cybersecurity: 5 crucial applications.* V7labs. https://www.v7labs.com/blog/ai-in-cybersecurity

Sakshiparikh23. (2023, June 5). *Difference between machine learning and deep learning.* GeeksforGeeks. https://www.geeksforgeeks.org/difference-between-machine-learning-and-deep-learning/

Satariano, A., & Metz, C. (2023, March 5). Using A.I. to detect breast cancer that doctors miss. *The New York Times.* https://www.nytimes.com/2023/03/05/technology/artificial-intelligence-breast-cancer-detection.html

Simplilearn. (2023, February 23). *How does artificial intelligence (AI) work and its applications.* https://www.simplilearn.com/tutorials/artificial-intelligence-tutorial/how-does-ai-work

Somers, M. (2020, July 21). *Deepfakes, explained.* MIT Sloan. https://mitsloan.mit.edu/ideas-made-to-matter/deepfakes-explained

Spisak, B., Rosenberg, L. B., & Beilby, M. (2023, June 30). *13 principles for using AI responsibly.* Harvard Business Review. https://hbr.org/2023/06/13-principles-for-using-ai-responsibly

Tableau. (n.d.). *What are the advantages and disadvantages of artificial intelligence (AI)?* https://www.tableau.com/data-insights/ai/advantages-disadvantages

Tantsiura, P. (2023, August 28). *Best use cases of AI, machine learning in the transportation industry.* The App Solutions. https://theappsolutions.com/blog/development/ai-in-transportation/

The Economic Times. (2023, April 25). *AI and privacy: The privacy concerns surrounding AI, its potential impact on personal d   a   t   a   .* https://economictimes.indiatimes.com/news/how-to/ai-and-privacy-the-privacy-concerns-surrounding-ai-its-potential-impact-on-personal-data/articleshow/99738234.cms?from=mdr

This Morning. (2023). *Meet Ameca! The world's most advanced robot* [Video]. YouTube. https://www.youtube.com/watch?v=vE9tIYGyRE8

Thomas, M. (2021, July 21). *The future of artificial intelligence.* Built In. https://builtin.com/artificial-intelligence/artificial-intelligence-future

Thomson Reuters. (2023). *Addressing bias in artificial intelligence the current regulatory land-scape.* https://www.thomsonreuters.com/en-us/posts/wp-content/uploads/sites/20/2023/08/Addressing-Bias-in-AI-Report.pdf

UN News. (2023, July 10). *Meet the robots who are making the world a better place.* Africa Renewal. https://www.un.org/africarenewal/magazine/july-2023/meet-robots-who-are-making-world-better-place

Venture City. (2021, March 6). *The first 10,000 days on Mars (timelapse)* [Video]. YouTube. https://www.youtube.com/watch?v=G3hPH_bc0Ww

Wall Street Journal. (2021, December 21). *What NASA's Perseverance Rover has learned after 10 months on Mars | WSJ* [Video]. YouTube. https://www.youtube.com/watch?v=WrTHX8t0yl8

WatchMedia. (2020). *Robots evolution | 100BC - 2020* [Video]. YouTube. https://www.youtube.com/watch?v=Uzf-K7UtD78

Wheeler, T. (2023, June 15). *The three challenges of AI regulation*. Brookings. https://www.brookings.edu/articles/the-three-challenges-of-ai-regulation/

Yuanyuan, F. (2021, July 1). *What is Embedded AI (EAI)? Why do we need EAI?* Huawei. https://info.support.huawei.com/info-finder/encyclopedia/en/EAI.html

Zauderer, S. (2023, July 23). *Artificial intelligence statistics & facts for 2023*. Cross River Therapy. https://www.crossrivertherapy.com/research/artificial-intelligence-statistics

www.ingramcontent.com/pod-product-compliance
Lightning Source LLC
Chambersburg PA
CBHW071332140726
47996CB00005B/1945